PETITES RAMATOUS

DU MÊME AUTEUR

Pékin qui s'en va, MALOINE, éditeur.

Mon Roman au Niger, GRASSET, éditeur.

La Chasse aux Pirates (Tonkin), GRASSET, éditeur.

EN PRÉPARATION

Zézères à Moïn (Bourbon).

LOUIS CARPEAUX

PETITES RAMATOUS

(MADAGASCAR)

PARIS
BERNARD GRASSET
Éditeur
61, Rue des Saints-Pères, 61

1913

Il a été tiré de cet ouvrage
douze exemplaires sur Hollande van Gelder
numérotés de 1 à 12

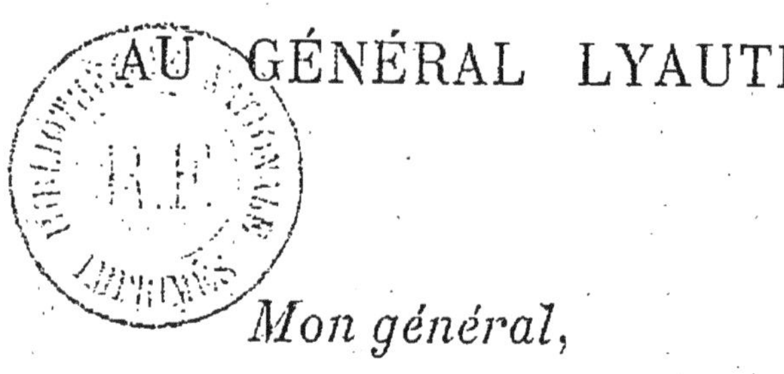

AU GÉNÉRAL LYAUTEY

Mon général,

Pendant que vous êtes glorieusement occupé à conquérir le Maroc à la France, voulez-vous me permettre d'évoquer un peu le passé à vos yeux et de vous dédier mes Petites Ramatous.

C'est peut-être un sujet bien léger pour un aussi grand chef que vous, mais je sais, mon général, que vous avez beaucoup aimé cette petite ville de Fianar, perchée comme un nid d'aigle sur les hauts monts malgaches partout si dénudés et où l'on est tout étonné et ravi d'apercevoir dans le lointain les notes blanches et gaies des ramatous aux grands lambes flottants.

Elles seules animent ces paysages désolés et, quand on approche et qu'on les voit, on est charmé par leur grâce chaste et leur allure virginale.

Pourtant ce n'est qu'une apparence, mais elle est jolie, jolie comme les grands yeux sombres des petits ramatous, ces yeux qui renferment toute la profondeur de l'Asie et toute la malice de France.

Oh ! elles sont bien l'âme et la poé-

sie de ce pays où elles règnent, au point de donner parfois leur nom à leurs enfants, et j'ai pensé à publier aujourd'hui ces lignes écrites là-bas, au milieu d'elles qui n'ont point changé et dont le charme exotique rappelle le plus nos petites Françaises.

Je désire les faire connaître à tous, surtout aux jeunes gens épris de longs voyages et dont la délicieuse petite Fianar, perchée sur son rocher, attend immuable la venue, comme lorsqu'elle me reçut jadis. Et ils y trouveront votre souvenir, toujours vivant, mon général.

L. C.

PETITES RAMATOUS

MON SÉJOUR A TAMATAVE

« Un homme à la mer... Un homme à la mer !... »

Qu'est-ce ? J'ouvre péniblement mes yeux alourdis par le sommeil... une seconde, je fixe ma couchette, le hublot grand ouvert... Ah ! oui, je me rappelle... Je suis en mer !...

Mais un grand bruit de pas, un

grincement continu de chaînes re-tentissent au-dessus de ma tête...

« Un homme à la mer », pensé-je... Et, par mon hublot, j'aperçois la houle noirâtre... Nous sommes en pleine mer Rouge... Pauvre malheureux... Il est perdu !

Je saute de ma couchette, j'enfile ma mauresque et je bondis sur le pont.

L'arrière est encombré de gens anxieux mi-vêtus, regardant un point de l'immense étendue mouvante à peine éclairée d'un jour blafard...

Rien !

Mais une bouée de sauvetage, une bouée lumineuse, après un quart d'heure d'efforts pour la lancer, flotte enfin sur les flots agités. Tous suivent de l'œil la flamme vacillante, tantôt engloutie entre deux lames, tantôt pointant à leur crête.

Une grande brise tiède fouette les visages décomposés, siffle lugubrement dans la mâture du *Natal*, lequel décrit un long cercle autour de la bouée lumineuse.

Qui est tombé ?... Personne ne sait.

— « Un fou », affirme en ce moment un passager de pont.

Renseignements pris, c'est un passager de 3e classe, un colon algérien se rendant à Madagascar. Depuis deux jours, son état mental laissait à désirer. Il avait la veille cherché à se précipiter par le hublot de sa cabine et n'avait été retenu que par les personnes présentes.

Ce même matin, après avoir regardé les hommes de l'équipage laver le pont, il avait soudainement enjambé le bastingage, disparu en un clin d'œil à l'arrière du vapeur...

Peut-être avait-il été tué raide par l'hélice? On n'avait rien vu émerger.

Soudain, un cri désespéré, une voix lamentable semble sortir du fond des eaux... On dirait l'appel d'un trépassé ou le sifflement lugubre du vent dans les cavernes rocheuses de la lande bretonne...

« C'est lui, c'est lui... il appelle au secours... Ah ! le malheureux !... »

En vain regardons-nous... Plus rien à la surface, pas même le falot lumineux, enfin éteint !

Mais quelqu'un, du haut de la dunette, a aperçu le naufragé luttant désespérément contre la mer, élevant vers le *Natal* des bras tendus d'angoisse, des mains crispées d'horreur...

« Machine en arrière ! — Une embarcation à la mer ! » crie le commandant.

Le *Natal* branle dans toute sa longueur, nous dansons horriblement, tandis que descend la baleinière armée. La manœuvre n'est pas terminée qu'un cri part de la dunette : « C'est fini ; il vient de disparaître ! »

Nous, sur le pont, nous n'avons rien vu ; mais toute notre âme va à cet infortuné que l'eau étouffe ou que les requins dévorent sans que nous puissions lui porter secours !

J'écoute en tressaillant le sifflement lugubre et régulier de la bouée éteinte et devenue sifflante... Il me semble encore entendre le hurlement d'horreur du malheureux fou, à l'approche de la mort, de l'entraînement effrayant vers le fond de cet Océan insondable où il se sent un étranger, perdu à la lumière, perdu à la terre et voué à la pâture de monstres inconnus [1] ! Et le navire continue toujours son immense circuit, et la grande houle toute noire, à perte de vue, activée par le vent chargé de vapeurs étouffantes, nous secoue lamentablement. Tous les pas-

1. Quand on voit disparaître un homme en mer, on a la sensation qu'il est doux de pourrir dans de la bonne terre en compagnie de bons vers que l'on connaît au moins ! Et j'ai vu pleurer des malheureux à la perspective de ce bonheur refusé et dont rien, pas même un frisson de l'eau, n'indiquera la suprême immersion à la surface infinie des flots insensibles, peu après sillonnés par des navires pleins de vie !

sagers tremblent à l'idée de la frêle planche qui les sépare du gouffre, tellement est impressionnante la disparition d'un homme en plein Océan. Mais, derrière nous, une voix de vieux loup de mer dit tranquillement :

« Ça fait le cinquième que je vois se noyer ainsi, au même endroit, après trois jours de mer Rouge... »

. . . .

Bientôt nous avions oublié cet accident et nous étions à Djibouti, affreux trou qui prend cependant de l'importance de jour en jour.

Aden nous charma par son pittoresque à la fois arabe et asiatique, ses montagnes dénudées et coupées au couteau, ses immenses chameaux attelés à de toutes petites carrioles ou encore chargés sur les côtés d'énormes balles de foin qui, de loin, les font ressembler à de fantastiques oiseaux.

Peu après nous traversions l'Equateur, et suivant un vieil usage je subissais un arrosage sérieux... C'est à peine si nous eûmes le temps de respirer les délicieux îlots de verdure des Seychelles, quelque peu ruinés par les rats, grands amateurs de vanille...

Nous reprenions la mer pour nous arrêter à Diégo-Suarez, baie magnifique, mais bien dépouillée, bien triste à habiter malgré ses cinq mille hommes de garnison dispersés un peu partout. On y fait de grands travaux et certains prétendent que tout l'effort maritime de la colonie aurait dû se porter sur ce port, dont le séjour est relativement sain à cause de la montagne d'Ambre, sanatorium des malades.

Nous longeons maintenant la côte malgache dont les masses énormes se soulèvent et s'écrasent les unes contre les autres dans le bleuissement lointain de l'horizon.

Le rivage n'apparaît nulle part. Tout n'est que mer ou montagne.

Mais une corbeille de verdure

émerge de l'eau au loin. C'est l'île Prune, marquant la position de Tamatave.

Et peu après, la ville apparaît dans le fond d'une vaste baie, protégée par des bancs de récifs écumeux, derrière lesquels s'abritent de nombreux petits voiliers.

La mer est bleue, les cocotiers luisent dans le lointain sous le soleil splendide, Tamatave apparaît charmeuse...

Boum, boum, boum !...

— Boute (domestique), qu'est-ce que c'est que tout ce bruit ?...

— Ça, raga (monsieur), c'est le grand Vazabé qui débarque, me répond mon boy alors que je pestais dans mon lit, furieux d'être réveillé de si bonne heure.

— Le grand Vazabé[1] ?...

— Oui, le général gouverneur.

D'un bond, j'enfile mes vêtements, je cours vers l'appontement. Le *Djemnah* est déjà mouillé, la foule afflue, le canon tonne toujours... quinze coups... Je trouve que c'est maigre pour un gouverneur général !

Sur le boulevard Maritime, véritable simili-promenade des Anglais, les

1. Vazabé veut dire « chef blanc ».

tirailleurs malgaches défilent, élégants et légers dans leur uniforme pimpant qu'une large ceinture rouge relève heureusement. Les soldats créoles, des nègres de la Réunion, les suivent lourdement. Ils vont occuper les emplacements pour rendre les honneurs.

« Portez armes !... Présentez armes !... »

Voilà le général. Très grand, très mince, les bras couverts de sept galons étoilés, les yeux renforcés d'un inséparable binocle, il passe devant les troupes et salue les autorités. La foule houleuse des Malgaches ne cesse de l'acclamer ainsi que Mme et Mlle Galliéni, la petite *Vazabé*, comme l'appellent les indigènes, c'est-à-dire la fille du grand chef blanc. Devant le Gouvernement, un arc de triomphe est dressé et la municipalité de Tamatave accueille solennellement le gouverneur général. Les Tamataviens doivent en effet leur existence au général Galliéni, et ils ne seraient pas hostiles à la proposition faite il y a quelque temps par le vice-consul d'Italie, de donner le nom de Galliéniville à leur port appelé à devenir la vraie capitale de la colonie.

Si Tamatave m'avait charmé au premier abord, si l'arrivée du général avait apporté un peu de mouvement, je ne tardai pas à me lasser de cette ville morte. Elle fait plus d'effet sur le papier ou vue de loin que de près. Les maisons sont en bois, recouvertes de tôle, les rues pour la plupart sablonneuses, la végétation minime. Sauf du côté de la mer, les marais abondent, rendant le séjour peu sain à l'époque des chaleurs.

Cependant l'on jouit d'une bonne saison hivernale, de juin à novembre. La ville manque de sanatorium, et il serait à souhaiter que l'on en établît un sur les hauteurs de Farafate, à dix kilomètres de la mer.

On trouve deux bons hôtels et même un petit théâtre, sorte de grande case en bois où l'orchestre se compose d'un piano, mais où l'on joue quand même l'opéra, grâce à l'habile direction du père Charson.

Depuis mon arrivée à Tamatave, j'étais à l'hôtel Continental, tenu par M. Rossegger, un Autrichien venu du Transvaal où il avait fait la campagne, et qui a été très utile à Tamatave, car c'est le premier qui y ait installé un hôtel convenable, avec terrasse sur la mer et ventilateurs. Cependant, je résolus de me mettre dans mes meubles et, pour cela, de prendre une servante malgache.

Je fis un tour au bazar (marché) où les ramatous (femmes) abondent et où elles viennent acheter qui un sou de poisson, qui deux sous de viande, pour leur petite cuisine journalière. La race habitant la côte de Madagascar, ici et aux environs, est la race Betsimissar, race nègre métissée d'Hindou.

On y voit parfois des types assez jolis.

Au bazar, je ne trouvai pas la servante que je cherchais. Je me rendis alors au village indigène et je fus frappé par la vue d'une petite ramatou, toute jeunette, en train de fumer la cigarette.

— Oh! oh! m'exclamai-je, voilà une Mme Malgache bien civilisée!... Comment t'appelles-tu ?

— Marguirite, monsieur.

— Tu parle bien français... Tu sors des missions ?

— Oui, monsieur.

— Eh bien, Marguirite, je te trouve gentille, veux-tu devenir ma servante?

— Combien vous donnez par mois?

— Vingt francs.

— Donne encore une piastre.

— Vingt-cinq francs, c'est entendu.

Je dus aussitôt verser quinze francs entre les mains de la mère, vieille négresse aussi ratatinée que sa fille était rondelette.

Marguirite me fit entrer dans sa case, petite cahutte en planches recouvertes de tôles où l'on cuisait littéralement.

Je dus attendre que la maman peignât ma ramatou, ce qui demanda plus d'une heure; puis Marguirite enroula autour de ses jambes un pagne en rafia (fibres de palmier), jeta sur sa camisole blanche un lambe (fichu) tout bariolé de fleurs, et enfin mit sur sa tête un chapeau de paille gigantesque surmonté d'une véritable jardinière de fleurs artificielles sous laquelle elle disparaissait... elle avait revêtu la toilette des « ramatous tsar[1] » de la côte.

Cet immense chapeau et ce pagne bouffant, sur lequel retombe le fichu, donnent quelque peu aux femmes Betsimissar l'aspect de nos bourgeoises de 1830.

J'avais loué, moyennant cent francs par mois, une case, — toujours en bois et tôle — du côté de la pointe d'Hasty, le seul endroit vraiment ombragé et discret. J'y installai ma petite servante qui dès lors me servit à table et s'occupa de mon intérieur.

1. Jolies femmes.

J'ai mené dans ce coin habité par des créoles de Bourbon un mois d'existence vraiment heureuse. Chaque jour, suivi de Marguirite, je partais en excursion en « filanzane », c'est-à-dire porté sur les épaules de quatre Malgaches, appelés « bourjanes », et assis dans un fauteuil placé au milieu d'un brancard. Ce moyen de locomotion est des plus agréables quoique cher, car l'on ne peut sortir pour une course à moins d'un franc (0 fr. 25 par bourjane).

Ma case était située sur le bord de la mer et chaque soir je me distrayais à voir les Malgaches et les créoles pêcher à la lueur des torches, souvent au moyen d'un trident qu'ils lancent en guise de harpon, tandis que, dans le lointain, la mer se brisait avec un bruit de tonnerre sur les récifs d'où jaillissaient des lueurs phosphorescentes.

Marguirite chantait une mélopée bien triste en s'accompagnant sur le « vali », sorte de harpe faite en bambou.

Un soir, je résolus de tenter la pêche au requin. Il y en a en grand nombre à Tamatave, et lors de l'embarquement des bœufs pour le Transvaal, j'avais eu l'occasion de voir une de ces pauvres bêtes mordue à la cuisse par le terrible squale.

Il est vrai que les bœufs chassés à l'eau à coups de bâton, puis attachés par les cornes le long d'un chaland, sont une proie facile à prendre.

Je résolus donc de tendre une ligne pour capturer un de ces monstres. Du bout du warf je lançai mon engin, formé d'une amarre à l'extrémité de laquelle était un hameçon de 0 m. 60 fixé à une chaîne. A l'hameçon j'avais attaché un chien crevé.

Je passai une partie de la nuit à tenir le bout de ma ligne, pour sentir mordre, mais rien ne mordant, j'attachai un bout de mon amarre à un des piliers du warf et rentrai chez moi juste pour éviter d'être pris par un cyclone. Depuis plusieurs jours, le baromètre devenait inquiétant, l'air plus lourd que jamais ; les vieux pêcheurs malgaches prédisaient un cyclone déjà annoncé par le télégraphe.

Il eut lieu, pas avec toute sa violence, heureusement pour Tamatave où pas une maison ne serait restée debout. Pourtant trois jours j'appréhendai de voir s'envoler ma case dont les tôles de la toiture, disjointes, faisaient un bruit d'enfer.

Je dus me réfugier sous mon lit pour être à l'abri des trombes d'eau s'infiltrant partout, et je n'osai sortir de chez moi, de peur d'être renversé par un tourbillon et surtout de recevoir sur la tête une de ces tôles qui, emportées par le vent, deviennent tranchantes comme un couteau.... Marguirite ne voulait plus quitter ma chambre, tellement elle avait peur.

Le troisième jour, je pris cependant mon courage à deux mains et allai photographier la mer démontée dont certaines volutes s'élevaient jusqu'à vingt mètres : c'était magnifique ! Mais, hélas ! deux grands voiliers gisaient à la côte dans le port même de Tamatave, la *Berthe* et un grand trois-mâts italien, et on annonçait la perte de cinq voiliers vers Diégo, dont un grand, jeté à la côte près d'Andevorante.

Ce cyclone prouva une fois de plus combien le port de Tamatave est défectueux.

Rasant les maisons, je rentrai chez moi trempé jusqu'aux os, mais porteur d'une boîte de sardines et de saucisses prises à un commerçant chinois de la ville.

Ce n'était plus une vie !...

Heureusement, le quatrième jour la tempête s'apaisa, et tandis qu'on réparait ma case, j'allai retirer ma ligne oubliée pendant la tourmente. Elle était toujours là. Or il me fut impossible de la relever. J'appelai quatre bourjanes à mon aide, et à nous cinq, nous halâmes un requin de deux mètres qui se débattit comme un diable jusqu'à ce qu'un bourjane l'eût assommé à coups de bâton avant de le découper pour le manger.

Et quand je rentrai à Hasty, je trouvai ma propriétaire en train de se battre avec une immense tortue de mer que la tempête avait jetée à la côte.

Malgré les soins dont m'entourait ma petite servante, je commençais à m'ennuyer dans mon logement de la pointe d'Hasty. Je venais d'y subir un violent accès de fièvre et je résolus de changer d'air pendant quelques jours. Accompagné de Marguirite et d'un cuisinier noir, je m'embarquai en pirogue sur l'Ivoline, la rivière de Tamatave, et remontai ce cours d'eau ravissant.

Sur ses rives, je vis de jolies plantations appartenant à des habitants de Tamatave. J'y croisai de nombreuses pirogues chargées de bananes à en couler ; une ramatou, coiffée du traditionnel chapeau de paille à larges bords et vêtue d'un pagne en rafia, conduisait chaque pirogue, nous jetant au passage un « béjour » amical auquel Marguirite, toute joyeuse, répondait d'une voix cristalline. Dans les rapides, nous nous mettions à l'eau et poussions la pirogue avec les Malgaches.

Le soir, moyennant vingt sous, un indigène nous cédait sa case, sur le bord de l'eau, et, en plein air, mon cuisinier me préparait un poulet sauté avec du riz, que Marguirite me servait et dont je lui abandonnais gracieusement la moitié qu'elle dévorait à belles dents, toute fière de se montrer en public avec la bienveillance de son maître.

Pour faire la généreuse, elle donnait un os à sucer à nos piroguiers, lesquels se léchaient les doigts en disant : *Ramatou tsar*. C'était plus qu'il n'en fallait pour gonfler d'orgueil Marguirite !

A mesure que nous remontions l'Ivoline, la rivière se resserrait, s'encaissait entre des mamelons de terre rougeâtre et couverts de ravenales, ces jolies arbustes en forme d'éventails : certains points étaient délicieux.

Le deuxième jour de mon départ de

Tamatave, j'avais été invité à dîner par un colon très connu, M. Beusch. Ce colon, qui est en même temps avocat, s'occupe beaucoup de rizières que l'on cultive ici d'une façon spéciale, en desséchant les marais et en les faisant ensuite piétiner par les bœufs pour enfoncer les herbes.

Pour le remercier de son bon dîner, j'indiquai à M. Beusch quelques procédés employés par les Tonkinois pour amener l'eau dans les rizières desséchées et pour décortiquer le riz. Je lui fis connaître cette grande roue en bambous, munie de godets, qui déverse l'eau prise en tournant dans une rivière dans des conduits également en bambou, lesquels s'en vont arroser des rizières à plusieurs kilomètres et même dans les terrains surélevés par rapport à la rivière.

Je lui fis aussi connaître le « moulin à tiou-tiou », formé d'un axe pivotant sur son milieu. Cet axe est creusé à une de ses extrémités et, à l'autre bout, muni d'un pilon qui vient frapper automatiquement le riz placé en desous quand l'eau de la cuvette se renverse, après avoir fait basculer l'axe. Ce moulin à tiou-tiou, qui pourrait très bien être utilisé en France pour le blé, le maïs, l'avoine, etc...

devrait rendre de grands services à Madagascar et économiser les bras des pauvres ramatous, occupées presque toute la journée à piler du riz [1].

De l'Ivoline, sans conteste la plus belle région de culture de Madagascar, je passai sur l'Ivondre, rivière également cultivée, mais bien marécageuse. Cinq jours après mon départ, complètement remis, j'avais rejoint ma case à Hasty et ma propriétaire, vieille créole de Bourbon, me disait :

1. J'ai indiqué ce moulin à tiou-tiou à la Chambre de commerce de Tamatave et, depuis, beaucoup de petits colons et de malgaches l'emploient heureusement.

— Vous lé beau, vous la gagné la couleur même chose la rose même.

Quelque temps après, je fus désigné pour le Sud de l'île et envoyé à Fianarantsou, vulgairement Fianar, chef-lieu du territoire du Sud placé sous le commandement du colonel de cavalerie Lyautey qui, aujourd'hui général, dirige la conquête et l'organisation du Maroc. Marguirite pleura un peu, puis se consola bien vite quand je lui eus donné une piastre !

EN ROUTE POUR FIANAR

Je pris pour me rendre à Fianar un vapeur des Chargeurs Réunis, cargo non aménagé pour passagers, mais dont les officiers furent charmants. (Le courrier mensuel et régulier était absent en ce moment, en train de se faire visiter à la cale sèche de Maurice.)

A bord, je trouvai une famille comme il serait à souhaiter qu'il y en eût beaucoup pour le développement de nos colonies : la famille Garenne, composée d'une grand'mère et d'un jeune ménage.

La grand'mère, âgée de soixante-douze ans, quittait pour la première fois de sa vie Vichy, sa résidence. Quant au mari, c'était un officier d'infanterie coloniale en congé de six ans pour tenter la culture à Madagascar. Il rentrait de France où il venait de convoler. Actuellement, avec sa jeune femme, il faisait son voyage de noces.

La famille Garenne emmenait avec elle toute une colonie d'animaux, des ânes, des porcs, des dindons, des poules, etc... On ne savait plus où marcher sur le pont!

Le lieutenant Garenne, très entreprenant, a essayé du commerce des bœufs avec le Transvaal, de l'exploitation des bois et caoutchoucs de la forêt de Fort-Dauphin; mais, bien que très enthousiaste de son œuvre, il n'a pas encore réussi... depuis quatre ans [1]!

Beaucoup de bœufs, en effet, ont la tuberculose et sont refusés à la vente, dans le Sud de l'île, par les acheteurs du Transvaal.

1. J'apprends au dernier moment qu'il a renoncé à faire fortune et a repris son service.

Cependant le bateau longeait la côte à laquelle on ne peut aborder à cause de la barre, série de grosses vagues très dangereuses à traverser.

Aussi la colonie voudrait-elle prolonger de ce côté les pangalanes (lagunes canalisées) jusqu'à Mananjar et même Farafangane. Malheureusement, il manque de l'argent pour ce travail de première utilité.

Pour aller de Tamatave à Mananjar, point de débarquement pour Fianarantsou, il faut un jour et demi de mer en s'arrêtant à différents endroits, tels que Watoumandre et Manhoure, agglomérations de quelques maisons.

exportant surtout du rafia ou fibres de palmier préparées.

Le bateau mouille au loin toujours à cause de la barre, et des chalands pontés, conduits par une vingtaine de rameurs malgaches, s'approchent, non sans vous donner le frisson par leur tangage désordonné parmi l'écume et les vagues, surtout quand on songe que le lendemain il faudra s'embarquer là-dessus pour joindre la terre...

La nuit qui suivit mon départ, comme il faisait un clair de lune superbe, je m'allongeai sur une chaise longue sur la passerelle, et là, tout somnolent, je goûtai le charme exquis de la mer argentée, silencieuse; le charme du navire endormi ne vivant que par son hélice étouffée, lointaine, et glissant, tel un fantôme, devant la côte escarpée, mystérieuse, de la grande île africaine...

Mais, au matin, une violente secousse me jeta à bas de ma chaise longue : nous venions de talonner sur des roches et le bateau tremblait dans toutes ses fibres...

Nous en fûmes heureusement quittes pour la peur, ce qui n'empêche que ces accidents sont assez fréquents sur cette côte extrêmement dangereuse.

Nous voilà devant Mananjar ; il faut à mon tour embarquer sur un chaland ponté et traverser la barre... Je monte dans une petite boîte que le treuil enlève et je me trouve déposé sur un chaland que la houle soulève à plus de cinq mètres...

En route !

Je me cramponne comme je puis à l'arrière, assis à même le pont, contemplant d'un œil morose la ligne d'écume dont nous approchons. Bientôt nous y entrons, virons de bord pour joindre l'entrée du fleuve Mananjar. Alors, notre position devient affreuse.

Comme nous marchons parallèlement à la vague, à chaque instant je m'attends à voir le chaland culbuter, ou, ce qui est plus à craindre, à être enlevé par un paquet de mer, car certaines volutes tout écumeuses nous dominent de plusieurs mètres presque à pic et semblent devoir nous engloutir...

Mais les deux barreurs d'arrière, avec un sang-froid superbe, inclinent le chaland de trois quarts et nous en sommes quittes pour une violente secousse et une pluie d'écume.

Il y a à l'avant de mon chaland plusieurs tirailleurs malgaches accompagnés de leurs ramatous. Celles-ci poussent parfois des cris de frayeur tels que leurs maris sont obligés de les battre pour les faire taire.

Et moi, je souffre horriblement du mal de mer !

Enfin, nous approchons de l'embouchure de la rivière. C'est l'endroit le plus dangereux et l'on prétend qu'il abonde non seulement en requins, encore en caïmans, lesquels se battent de temps à autre avec les requins qu'ils éventrent (le fait m'a été certifié).

Soudain, une volute plus grosse que toutes les précédentes avance sur nous avec un bruit de tonnerre, sa crête est couverte d'écume, elle est effrayante...

Les ramatous se remettent à crier, les rameurs malgaches eux-mêmes murmurent entre leurs dents des « Hodry » pleins d'inquiétude ; quant à moi, je me cramponne à la jambe d'un rameur, n'ayant rien d'autre sous la main.

Je suis pourtant bon nageur, mais que faire au milieu de ce chaos aquatique !

L'arrière du chaland a été présenté à l'énorme vague... La voilà... Je ferme les yeux... Tout à coup, je me sens enlevé, couvert d'eau et j'ai la sensation que le chaland culbute sur lui-même...

. . . .

D'un bond nous avions franchi plus de 400 mètres ; nous avions traversé la barre après une heure et demie d'efforts. Chacun respira enfin !

Mais, vraiment, c'est à se demander quand on creusera les pangalames !...

Tout récemment, dans cette même barre, un chaland moins heureux que le nôtre était culbuté et les seize personnes qui le montaient, dont deux femmes européennes, disparaissaient sans qu'on pût même retrouver leurs corps sûrement dévorés !

Cet accident avait lieu au mois d'octobre 1903.

Mananjar est une petite ville en plein développement à cause de son bassin aurifère, celui du fleuve Mananjar.

Il y existe même un petit hôtel, et certes il est regrettable que la route carrossable de Fianarantsou n'y aboutisse pas encore. La vallée du fleuve est comme celle de l'Ivoline, cultivée, fertile. Malheureusement, les colons manquent plutôt d'argent de ce côté.

Ils cultivent le café, le cacao, le

caoutchouc-manioc, la canne à sucre, le ricin avec un certain succès.

Ils essayent en ce moment le thé et l'indigo. Malheureusement, je le répète, ils manquent de capitaux ; donc ils sont maigrement installés sous une paillote fiévreuse ! Aussi beaucoup s'usent-ils vite.

Madagascar, en général, offre pourtant des conditions excellentes au point de vue sanitaire, car elle est formée de côtes chaudes et humides et de plateaux très tempérés.

Pour qu'un colon résiste longtemps, il lui faut donc profiter de ces avantages, c'est-à-dire avoir deux installations : une sur les côtes où, près des rivières, il peut entreprendre toutes les cultures coloniales et passer la bonne saison, de mai à novembre ; une, sur les plateaux, où faire de l'élevage, du jardinage européen, enfin passer le reste de l'année, se refaire.

Si je prends, par exemple, la région du Mananjar qui nous occupe en ce moment, on pourrait, quand la route sera terminée, se transporter en voiture ou à cheval, en trois jours, à Fianar, c'est-à-dire s'élever de 1.350 mètres. Actuellement, en filanzane, il faut cinq jours et surtout il faut payer trop cher (environ 200 francs, y compris les bagages nécessaires.)

Certes, à ce sujet, les médecins ne sont pas de mon avis : ils prétendent qu'après un séjour sur les plateaux, on ne peut descendre impunément habiter la côte, et réciproquement. Cependant il n'y a qu'à voir le général et sa suite qui, eux, ne quittent Tananarive que pendant quelques mois d'hiver. Tous se portent bien, ce qui leur permet de séjourner de longues années dans l'île.

Je restai peu à Mananjar. J'avais hâte de monter dans l'intérieur, moi aussi.

Muni d'une bonne équipe de huit

bourjanes de filanzane et de vingt autres bourjanes de bagages, je m'élançai, avec tout mon monde en file indienne, sur le sentier qui mène à Fianar, et quatre heures après je traversai le joli fleuve Mananjar en pirogue.

Dès lors, j'attaquai les mamelons, les mamelons, toujours les mamelons ; tous de même forme, tous dénudés, presque tous de semblable hauteur, comme coupés au couteau : voilà l'aspect général de Madagascar, aussi bien au Nord qu'au Sud !

La route malgache suit toujours la ligne de plus grande pente, puis la ligne de crête. Aussi parfois est-on obligé de se cramponner à son filanzane pour ne pas tomber, tellement il est incliné.

Malgré cela, cette marche en filanzane offre une originalité, un charme étrange, bien malgaches. Tandis que, bien assis, quoique un peu secoué, vous regardez défiler la ligne interminable de mamelons, vos bourjanes s'excitent entre eux de la voix. Le plus souvent ils courent, les quatre non employés précédant votre filanzane. Soudain, vous voyez ceux-ci s'arrêter, vous attendre et, sans transition, toujours à la course, vous passez d'épaules sur d'autres.

Moi, j'adore le changement, la brousse ; aussi jouissais-je énormément en moi-même de ce voyage où mes yeux avaient pour limite l'horizon ; pour espoir, l'inconnu. J'entrais dans un tout autre état d'âme, l'état d'âme de la brousse, si regretté de ceux qui l'ont vécu !

A peu près dans tous les villages traversés, on a établi des gîtes d'étape, c'est-à-dire des cases en paillotes, réservées aux passagers. Il n'est donc nécessaire que d'avoir un lit pliant, une chaise, une table et une cantine à vivres, pour voyager très agréablement, malgré les puces et les chiques (insectes qui entrent sous la peau), lesquelles peuplent un peu trop ces régions.

Souvent, nous croisions des caravanes de bourjanes descendant de Fianar pour aller chercher des dames-jeannes (grosses bouteilles) de vin, de la farine, des ballots destinés à l'intendance ou aux commerçants. Quand ils arrivaient à ma hauteur, ils me lançaient un « béjour » (bonjour) si guttural que je l'eusse volontiers pris pour une insulte !

Alors mes bourjanes, désireux de faire la causette, demandaient à se reposer. Ils me déposaient à terre et souvent je leur payais à chacun une énorme écuellée de pommes de terre toutes fumantes que de vieilles femmes vendaient moyennant deux sous. Armés d'une cuiller en bois, ils engouffraient ce rata sans graisse, puis, tous au même bambou, ils se désaltéraient et se rinçaient la bouche. Puis, pour me remercier, l'un d'eux esquissait un pas de danse tout en me congratulant des épithètes les plus flatteuses.

J'ai, entre autres, retenu ce souhait :

« Tu es un bon vaza (étranger) qui donne à manger aux bourjanes ; les bourjanes te souhaitent une femme possédant beaucoup de bœufs et jolie. »

Les Malgaches sont en général de grands enfants très doux, pas du tout belliqueux.

Au village très pittoresque d'Amboung, je trouvai enfin la route carrossable, œuvre du capitaine Allemand. Elle serpente au milieu de la forêt. Celle-ci, d'abord formée de broussailles, devient fort jolie et offre même des coups d'œil splendides, surtout après Ranoumafane, renommée par ses eaux chaudes et alcalines à 40°. On grimpe alors presque à pic un palier de cinq cents mètres, appelé la « falaise ».

La route y serpente au milieu de bambous, de bananiers, d'énormes tuyas déracinés, de lataniers largement ouverts, enfin de gros blocs de rochers.

Et tandis que, cramponné à mon filanzane, les épaules couvertes de ma vareuse, j'aspire avec délices l'air frais de la forêt encore endormie, mes bourjanes, lentement, sûrement, me hissent péniblement, se relayant tous les cinquante mètres.

J'écoute avec recueillement le grondement sourd, continu, majestueux du Ranoumafane, sautant de cascades en cascades, vers le fond de la vallée. Soudain, je tressaille : « dans une échappée de verdure, entre deux bouquets de bananiers, j'ai vu scintiller l'eau écumeuse, et tout là-bas, à l'horizon, sur un mamelon dénudé, apparaître une petite case couverte en paillotes... J'ai eu une vision du haut Tonkin et mon être si attaché à ce pays splendide en est tout remué !

Je quitte la falaise pour déboucher sur un lac aux rives boisées et rocheuses, un joli paysage à croquer.

Non loin de là, au village d'Ifanadiane, je m'arrête pour coucher.

Mais je suis en plein pays de Tanals (les habitants de la forêt) et le gouverneur indigène m'offre un concert. Quatre petites Tanales viennent danser devant moi tandis que je dîne dehors, au clair de la lune. Elles sont fort gentilles, avec leurs cheveux crépus débordant de la soubique ou petit bonnet de curé en paille, qui couvre leurs têtes mignonnettes.

Elles portent une sorte de camisole très étroite qui les moule comme un corset. En cadence, elles avancent et reculent en frappant dans leurs mains ce qui est leur danse préférée. Un tam-tam et une flûte de roseau les accompagnent. Charmé, je leur donne une pièce blanche et leur tapote un peu les joues pour les remercier de ce concert improvisé pendant mon dîner en plein air, au clair de la lune. Le quatrième jour, j'étais au gros village d'Alakamiche ; j'étais dans un autre milieu, dans un autre monde, presque dans une autre colonie ! Sur la belle route qui mène à Fianar, bon nombre de paysans vêtus de grands lambes blancs se pressaient. Ils n'étaient plus noirs, mais seulement teintés, olivâtres.

Les femmes portaient sur la tête des paniers remplis de marchandises diverses, surtout de fruits, de légumes, de volailles ; les hommes traînaient qui une vache, qui une chèvre ; car c'était jour de Zouma (marché). Tous avaient l'air heureux de vivre sous ce beau soleil, dans cet air vif, rempli de rires et de bêlements.

Ils me saluaient d'un « véloume » amical, se rangeaient pour me laisser passer. Des gamins, nus comme vers, me poursuivaient en me criant :

— Bon papa, donne un sou... tsarabé ! (c'est bien). Alors, après s'être battus pour ramasser mon obole, ils assaillaient une paysanne accroupie sous une paillote, le long de la route, devant un étalage de pêches superbes, et, tout en mordant dans un fruit, ils venaient m'en offrir un autre.

Je jouissais infiniment de cette brusque transition, de l'accueil si cordial de ce peuple nouveau au milieu duquel je pénétrais, et mes bourjanes, heureux d'arriver, poussaient des cris de joie, couraient au grand trot, détachant souvent l'un d'entre eux pour acheter une mangue ou une pêche qu'ils croquaient à belles dents. Nous laissons sur notre droite un grand bâtiment européen, la « jumenterie du

Sud » ; nous traversons une petite rivière...

Soudain, au loin, sur un mamelon pointu, surgit Fianar, la Reine du Sud.

RAVELNAR, L'HUMBLE VIOLETTE

C'était par une belle matinée de février. Un soleil splendide éclairait Fianar dont les petites maisons, toutes semblables et couvertes de tuiles rouges, montent à l'assaut de la montagne sur laquelle elles reposent. Tout en haut pointe le Rouve, jadis résidence royale de Ranavale, quand elle venait à Fianar. Au premier plan se dresse la belle cathédrale catholique, œuvre d'un père jésuite, mais payée par la libéralité d'une Anglaise, protestante convertie.

Fianar est le pays des missions par excellence : sept clochers différents dominent la ville et sept missions diverses se partagent une population de 6.000 Malgaches.

Cependant, la foule était rassemblée devant la nouvelle école construite par le génie.

Malgré un froid assez piquant, un long flottement de lambes aux nuances claires serpentait aussi loin que la vue pouvait s'étendre. Il donnait bien l'aspect des foules malgaches en général, qui, de loin, ressemblent à un immense séchoir de blanchisseuse. Mais le colonel Lyautey venait d'arriver, très élancé dans son dolman bleu ciel. Aussitôt l'instituteur prit la parole, muni d'un grand « taratasse » (papier). Une heure durant, il fit « kabar », pour employer l'expression malgache, et il eut l'heureuse idée de terminer son discours en appelant le colonel, le « Bugeaud malgache ». Le colonel, qu'un pasteur protestant avait, dit-on, voulu faire passer aux yeux des Betsiléos (habitants de cette région) pour un colonel anglais prêté à la France par la reine d'Angleterre, ce qui faillit réussir à cause de son dolman bleu ciel, le colonel était très aimé à Fianar, dont il était l'aîné.

Il remercia l'instituteur en quelques mots brefs et courtois, et la cérémonie malgache commença.

Quatre « zazakelles » (petites filles) s'avancent en tremblant vers le colonel souriant. Elles sont vraiment mignonnes, les petites zazakelles... Elles semblent glisser, avec leurs pieds nus, balançant avec grâce leur belle natte tressée à la française, suivant la mode hove; leur grand lambe blanc qui les enveloppe jusqu'au menton, non sans art, leur donne un air de vierges candides, et leurs yeux sont immenses, noirs et malicieux... L'une d'elles surtout me paraît charmante, la plus jeune.

Les zazakelles chantent sur l'air du *Petit navire*, et en français :

Il était une fois un grand colonel,
Ce grand chef aimait bien les zazakelles ;
Pour leur plaire, un palais exceptionnel
Il donne aux gentilles zazakelles.
Vive le colonel, le colonel !

Je n'en croyais pas mes oreilles, et le colonel lui-même était tout surpris.

« Bah! pensai-je, l'instituteur est depuis si longtemps à Fianar qu'il a eu le temps de composer un sonnet de circonstance !... »

Mais la fête n'était pas finie...

On apporta aux zazakelles quatre fleurs : une rose, un lis blanc, un dahlia, une violette. Alors, la rose devançant ses compagnes, toujours en français, quoique avec une prononciation un peu auvergnate, chanta[1] :

Ch'est moi qui chouis la rose tendre,
Mais dans mon cœur se cachent des chépines.

Puis vinrent le « lyche » immaculé,

1. Chantant seules, les ramatous étaient intimidées et revenaient à leur prononciation habituelle.

l'orgueilleux dahlia, enfin l'humble violette...

Quand cette dernière chanta :

Ch'est moi qui chouis l'humble violette.

je fus plus charmé que jamais.

Je résolus de la demander à sa famille comme petite compagne, pour remplacer Marguirite.

Ravelnar... Elle s'appelle Ravelnar !

Elle a le type houve, qui se rapproche du type malais, car les Houves sont, dit-on, des Malais. Cette ascendance lui donne des lèvres un peu charnues, un nez un peu fort et un teint légèrement cuivré; mais, malgré cela, une finesse de traits et des extrémités que l'on est surpris de trouver chez une indigène.

Elle possède une grâce naturelle, un maintien tout à fait virginal et une douceur de physionomie qui étonnent. On se perd dans ses yeux immenses et l'on y retrouve le mystère de l'Asie. Ces yeux, je les avais déjà vus et incompris au Tonkin, chez les congailles (femmes du Tonkin)...

Mais je suis chez elle. Je suis venu trouver sa maman pour lui demander sa fille comme petite compagne :

— Ma fille, comme compagne... une noble faire la compagne... Vous n'y songez pas, monsieur l'Européen !

Telle fut l'exclamation de la maman, exclamation que traduisit elle-même Ravelnar présente.

Diable !... l'humble violette était une andriane, c'est-à-dire une noble du régime de Ranavale ; je n'avais point supposé cela et si je réussissais dans ma démarche, on allait me demander bien cher... Pensez donc, une compagne noble !

Mais j'y tenais, à mon humble violette, car elle était vraiment mignonne et ingénue sous le flot de lambes un peu crasseux qui la couvraient. Sa maman, dans l'espoir de me faire payer de suite des « akanges », c'est-à-dire des cadeaux de bienvenue composés de « lambes de soie », lui avait mis sur le dos tout ce qu'elle possédait de plus vieux et de plus sale. Sa toilette m'importait peu : j'étais plutôt charmé par sa jeunesse et je craignais que la maman ne me refusât de prendre sa fille chez moi.

C'est qu'elle n'avait pas l'air commode, avec sa figure toute ratatinée, sèche et dure comme un vieux parchemin, la vieille Ratahine, la maman !...

Pourtant, si elle était noble, elle était aussi bien pauvre, car pour aller la voir j'avais dû grimper à une échelle et j'avais été reçu dans un misérable grenier meublé d'un lit en bois où toute la famille reposait et d'une seule chaise en paille défoncée que l'on m'offrit, tandis que mes interlocutrices restaient accroupies sur le plancher. Jadis, sous le règne de Ranavale, elle était riche et habitait Tananarive où elle possédait des esclaves nombreux. Or depuis la suppression de l'esclavage, n'ayant pas été indemnisée, elle était réduite à la misère et vivait des gages que sa fille aînée, Ramanatène, touchait au service d'un petit avocat français, M. Fouinard.

Jadis, à la cour de Ranavale, elle avait bu trois fois de l'eau du bain de la reine, au 1er janvier malgache, ce qui indique qu'elle était d'une noblesse assez élevée, car les premiers rangs d'andrianes seuls pouvaient remplir ce devoir qui était un grand honneur ; les derniers rangs ne trouvant plus d'eau dans la baignoire quand ils approchaient, vu que beaucoup en emplissaient des bouteilles, comme on fait chez nous avec l'eau sanctifiée.

Cependant Ravelnar, après un long

kabar (causerie) à voix basse avec sa mère, reprit, de sa petite voix d'oiseau :

— Ma mère te dit qu'elle est malheureuse, mais qu'elle a bu trois fois de l'eau du bain de la reine. Elle ne veut pas me donner à toi comme compagne, car elle espère que le colonel Bé [1], qui m'a félicitée lors de l'inauguration, me fera entrer en service à la Résidence.

— Dis à ta maman qu'elle se trompe. Elle ferait mieux d'accepter mes offres que d'espérer des chimères. D'ail-

1. Colonel Bé veut dire grand colonel, pour distinguer le colonel Lyautey des autres colonels en sous-ordre.

leurs, ta sœur est déjà au service d'un vaza (Européen), pourquoi n'entrerais-tu pas au mien ?

Ici, nouveau kabar avec la vieille Ratahine, puis l'humble violette reprend :

— Ratahine te demande si tu es noble ?...

— Je l'assure qu'il y a du sang noble dans ma famille.

La vieille s'incline alors en signe de respect. Nous voici d'accord en principe.

— Combien me donneras-tu d'argent ? me demande Ravelnar.

J'offris quarante francs. On m'en

demanda vingt-cinq par semaine. Je réussis avec cinquante francs par mois, mais je dus payer des akanges et, en plus des cinquante francs, habiller ma ramatou, ce qui est contraire aux bonnes habitudes du pays. Quant à la nourriture, elle devait se pourvoir elle-même. Il fut convenu que Ratahine lui enverrait un petit panier de riz le matin et que le soir elle dînerait chez elle. Le marché était conclu. Je n'avais plus qu'à payer mes akanges.

Auparavant, Ratahine me présenta Ramananténassou, le petit frère joufflu et tout cuivré de Ravelnar ; puis une vieille tante qui me reconnut pour m'avoir vendu des pêches sur la route d'Alakamiche, lors de mon arrivée à Fianar.

La tante et le petit frère s'étaient tenus accroupis durant tout notre kabar derrière le lit, qui occupait le milieu du grenier ; aussi fus-je tout étonné de les voir surgir.

Suivis de toute la famille, nous nous rendîmes chez Mme Cattin, une commerçante de la ville, où, à mes frais, la vieille Ratahine équipa richement sa fille. Celle-ci était toute joyeuse de sa paire de bottines vernies à 7 fr. 50, de ses bas noirs, de sa robe neuve et de son ombrelle.

— Che vous remerchie beaucoup, mochieu, me dit-elle [1].

1. Dans le fond, la petite Ravelnar était ravie d'entrer chez moi car sa situation était fort pénible : elle revenait tout juste d'un voyage de noces, fait avant la noce suivant la sage coutume malgache, pour permettre au futur de bien apprécier le caractère et les qualités de sa fiancée, avant de convoler. Or, au retour, la pauvrette avait été refusée. Et comme elle avait déjà douze ans sonnés, elle était déshonorée !

UN CHAKAFF TSAR

Depuis mon arrivée à Fianar, je logeais dans une case de passagers et mangeais au Cercle, sorte de restaurant où tous les Européens sont admis à prendre pension moyennant 120 fr. par mois.

Comme à Fianar on cultive tous les légumes de France, à peu de chose près, et même les fruits, on y vit fort bien. Jamais je n'ai dégusté biftecks aussi tendres et fondants qu'ici, ni écrevisses, appelées camarons, aussi grasses. On est tout heureux de trouver tant de bien-être dans ce petit coin si éloigné et d'y jouir d'une aussi bonne température. Mais maintenant que j'avais une compagne, je résolus de vivre chez moi. A cet effet je choisis une petite maison dans la rue du Rouve, la rue de Rivoli de l'endroit, malgré les roches qui la pavent et sa pente si raide que, quand il pleut, elle se transforme en cascade...

Pour 60 francs par mois, j'eus ma petite maison bien à moi, avec balcon en bois sur le devant. Cette maison, comme presque toutes celles de

Fianar, était en terre battue, couverte en tuiles rouges et possédait un étage.

Elle n'avait pas de croisées, mais était munie de volets pleins que l'on fermait la nuit.

Mon ameublement se composait d'un grand lit en bois, d'une table et de deux chaises.

Le premier étage, dallé, était recouvert de nattes et les murs de papier à fleurs. Ceci prouve combien les Houves sont civilisés, car cette maison était habitée par des indigènes.

Quand j'eus arrêté mon logement, je pris une équipe de filanzane composée de quatre bourjanes. Cette équipe revient ici à 60 francs par mois et la tradition veut que les bourjanes portent les couleurs de leurs maîtres. Ceux qui sont riches payent à leurs porteurs des complets de même nuance. La plupart des Européens leur achètent chaque mois un grand chapeau de paille malgache ceinturé d'un large ruban de couleur, terminé en cocarde sur l'un des côtés.

L'équipe de filanzane est sinon indispensable, du moins très utile dans ce pays où l'on monte continuellement et où les Européens sont très dispersés. Tout vaza qui se respecte et a les moyens de le faire possède son filanzane, et les Malgaches, qui nous savent vaniteux et tiennent à leur gagne-pain, saluent de préférence l'Européen qui marche en filanzane à celui qui marche à pied comme eux. Maintenant que j'avais choisi mon logement, il ne me restait plus qu'à m'y installer. A cet effet, Ratahine, laquelle espérait un *bon dîner*, m'avait dit que la coutume malgache, comme chez nous, exigeait la pendaison de la crémaillère.

Désireux de connaître les mœurs du pays, je lui remis donc quelques piastres et la chargeai de préparer un festin malgache auquel je désirais voir assister toutes les petites amies de Ravelnar. Celle-ci m'avait demandé de lui envoyer mon filanzane, car elle tenait à se montrer à la sortie de l'école en filanzane, qui, ici, représente une voiture de maître, dans ses plus beaux atours : lambe de soie, bottines vernies, ombrelle.

Elle devait ensuite se rendre au temple protestant, puisqu'elle appartenait au culte de Luther et, comme telle, passait pour anglophile, les protestants, même Français, représentant ici les Anglais, et les catholiques, les Français. Comme je faisais part à

Ravelnar de mon étonnement qu'elle fût protestante, quand les catholiques possèdent une superbe cathédrale munie de grandes orgues qu'aiment tant les Malgaches, elle me dit que c'était la faute du père Tonnerre.

— Le père Tonnerre ?... Qu'est-ce que c'est que ça ?

— C'est un père jésuite, beaucoup méchant. Toujours il attrape les petites ramatous, il les menace de l'enfer, et il crie si fort qu'un jour j'ai eu peur et me suis sauvée dans l'église à côté.

Elles ne sont pas toujours sages

les petites ramatous, pour innocentes qu'elles paraissent !...

L'église à côté était justement le temple de Luther... Voilà comment Ravelnar était devenue luthérienne...

Le jour de ma pendaison de crémaillère était arrivé. J'avais envoyé mon filanzane à Ravelnar et j'attendais, accoudé à mon balcon, l'arrivée de la joyeuse bande de ramatous.

Il paraît que le Tout-Fianar féminin et élégant devait se rendre à l'invitation de Ravelnar, invitation que j'avais fait graver en français sur des cartes, car ici presque toutes les ramatous savent lire le français.

Voici le texte de cette invitation :

« Mamoiselle Ravelnar,

Compagne Ra-Carpeaux [1],

invite chon amie... à veni fair un bon chakaff (déjeuner) le 5. On danchra. Apporté vos choulié.

« Véloume (bonjour). RAVEL. »

Cette invitation était de la main même de Ravelnar, j'ai respecté son orthographe.

Depuis déjà un moment, j'attendais sur mon balcon, lorsque la pluie menaçante se mit à tomber en trombes,

1. Compagne de M. Carpeaux.

comme il arrive le plus souvent à Fianar, pays d'épouvantables orages presque toujours meurtriers à l'époque des pluies.

Aussitôt la rue du Rouve se changea en un torrent rougeâtre, et telle était la violence de la foudre que je craignais pour ma maison non pourvue de paratonnerre. J'étais aussi très inquiet pour mes petites invitées et surtout pour ma ramatou dont le beau lambe de soie allait être perdu... Tout à coup je vis déboucher toute cette folle jeunesse.

Elles sautaient de roche en roche en poussant des cris d'oiseaux effrayés et en relevant leurs blanches jupes d'où émergeaient leurs jambes brunes sous les flots de dentelles, car, de peur d'abîmer leurs souliers, beaucoup les avaient enlevés et les portaient à la main, ainsi que leurs bas.

Quelques-unes, plus riches en chaussures que les autres, les avaient conservées aux pieds et affectaient même de patauger dans l'eau sale, avec un sourire dédaigneux.

Mais elles étaient moins gracieuses que les autres, les femmes malgaches, habituées à marcher pieds nus étant souvent gênées avec des chaussures et frappant trop du talon.

Elles étaient là une vingtaine, toutes plus jolies, plus gracieuses les unes que les autres : c'était la fleur des ramatous de Fianar, le Tout-Fianar élégant.

Vite je fis allumer un grand feu, et tandis qu'elles présentaient à la flamme leurs petits pieds nus et cambrés avant de se rechausser discrètement dans un coin, elles félicitaient hautement Ravelnar d'être entrée chez un maître si bon, un « vaza tsar ».

L'une d'elles, Ramanatène, la sœur aînée de ma ramatou, me recommanda de bien soigner, de bien habiller et de bien nourrir Ravelnar, sa fille, comme elle l'appelait ; surtout de ne pas la battre, ni de la faire trop travailler. Je la rassurai en lui disant que j'avais pris Ravelnar pour s'occuper de mon intérieur qu'elle dirigerait, et connaître les coutumes des Houves : elle n'aurait aucun travail manuel à faire et serait bien traitée.

Ramanatène, comme ses petites amies, portait un lambe de soie jeté sur les épaules. Les unes l'avaient bleu, les autres rose ou blanc, ce qui faisait un charmant assemblage de couleurs virginales. Cependant, la vieille Ratahine fit kabar en malgache. Aussitôt, toutes mes invitées s'accroupirent à terre sur une natte, en cercle et silencieuses.

Le chakaff commença, servi par Ramananténassou, le petit frère de Ravelnar. Il se composa de riz, de lait, de sauterelles frites avec du miel, sentant le goujon, de viande de bœuf, de grenadelles, de pêches, de mangues, de thé et de rhum. Une tisane de champagne mit le comble à la joie des petites ramatous qui, voyant mon phonographe, me demandèrent de leur faire de la musique.

J'acquiesçai à condition qu'elles danseraient, et je fis jouer au phonographe la valse *Amoureuse*. Comme j'aime beaucoup la valse, je ne pus résister au désir d'en essayer une avec une ramatou. Mais laquelle choisir?... Elles étaient toutes délicieuses sous leurs lambes aux nuances tendres, leurs cheveux ramenés en bandeaux de chaque côté du front, et leurs grands yeux pétillants d'envie se tournaient vers moi tandis que leurs lèvres entr'ouvertes par le sourire découvraient des dents d'une blancheur éblouissante. Je choisis Ramanatène : elle connaît la valse à trois temps, comme beaucoup de petites Malgaches. Alors toutes les petites ramatous voulurent danser avec moi. Mais j'invitai Mlle Ranze. A ce moment Ravelnar, furieuse que je ne m'occupasse pas d'elle, vint me trouver et me dit tout haut, en me désignant Ranze.

— Danche pas avec chette femme-là, ch'est pas bon, ch'est la sœur du canard...

Elle n'avait pas fini de parler que Ranze l'attrapait par les cheveux et lui griffait le visage. Je me fis griffer aussi en voulant les séparer, et je pus savoir enfin pourquoi Ranze était la sœur du canard... Les Malgaches l'appelaient ainsi parce qu'elle comptait parmi ses ascendants un Chinois et que d'après les Houves, les Chinois qui sont aussi des vaza (étrangers) descendent du canard.

Au bruit de la dispute, le bal avait cessé. Pour sécher les pleurs de Ravelnar et ramener le sourire, je la priai alors de nous raconter en français un comte betsiléo très connu : *La poule et le papango*. Elle le fit aussitôt avec un accent impayable que je ne puis malheureusement reproduire :

La poule et le papango (vautour).

« Il y avait jadis à Fianar une poule et un papango qui s'aimaient d'amour tendre. Chaque jour ils allaient se promener, faire kabar (causer). Or, il arriva que la poule amoureuse déchira son aile.

« Elle souffrait beaucoup, laissait pendre son aile déchirée qui lui couvrait les pattes.

« Le tendre papango s'émut.

« Il lui donna une aiguille et la poule recousut son lambe (pour aile).

« Mais elle perdit cette aiguille.

« Désolée, elle se mit à la chercher, et, pour cela, picota, picota...

« Le papango survint sur ces entrefaites et demanda :

« — Qu'as-tu fait de mon aiguille ?

« — Je l'ai perdue, répondit la pauvre, tout en continuant de picoter.

« Le papango, furieux, jura de se venger.

« Il s'envola en criant : « Mon aiguille, mon aiguille ! »

« La poule tremblante lui dit :

« — Je la cherche, je la cherche, patiente un peu...

« Mais le papango ne voulut pas patienter.

« Il se mit en devoir d'enlever chaque jour les petits de la poule jusqu'à ce qu'elle lui eût rendu son aiguille.

« Mais jusqu'ici la poule n'a pas encore trouvé l'aiguille.

« Voilà pourquoi elle picote, picote... Voilà pourquoi le cruel papango lui enlève tous ses petits !... »

Ce conte tout local fut trouvé charmant et comme je demandais à Ravelnar si elle croyait à cette légende, elle me répondit :

— J'ignore si les vieillards n'ont plus de dents parce qu'ils mangent depuis trop longtemps ou si les chèvres ont de la barbe par suite d'erreur le jour de leur naissance...

J'étais renseigné ; je n'insistai pas davantage!

Déjà je pensais à congédier mes invitées lorsque l'une d'elles, la sémillante Razaf, me demanda encore un air de phonographe, quelque chose de « tsar ». Je lui jouai un morceau où l'on n'entend que le rire d'un homme riant à gorge déployée.

Ce morceau eut un succès fou : toutes les petites ramatous se pressèrent à l'orifice du pavillon et crièrent pour faire taire le rieur.

Alors elles se mirent elles-mêmes à rire de toutes leurs forces et Razaf, tout en se tenant les côtes, me cria : — Il est maboule chet homme-là. Il rit comme un cochon malade !

Ces demoiselles devenaient mal élevées !... Il était temps de les congédier... C'est ce que je fis après avoir pris la photographie de chacune d'elles, photographie qu'elles me demandèrent très gentiment de leur envoyer avec une dédicace, en souvenir de mon « chakaff tsar ».

Elles partirent, mais deux jours après, je recevais par la poste le billet suivant :

« Ra-Carpeaux,

« Envoye 25 fcs pour achèt un bon robe la soi s. t. p.

« Je dancherai avec toi toute la vie.

« Véloume,

« RAZAF. [1] »

1. Cette jolie Razaf passait pour une «*Ratze fana*» ou mauvais esprit, car son plus grand plaisir, consistait à se tirer la langue dans le crâne brillant des vieux Messieurs chauves qu'elle appelait : *Messieurs la glace !*

L'OMBRE DE RAVELNAR

Cependant mon chakaff avait fait grand bruit parmi les ramatous qui toutes ambitionnaient de supplanter Ravelnar. C'est ainsi qu'un matin je reçus par la poste, de la ramatou d'un gendarme, la belle Rakétamove, la complainte suivante empruntée à une fable betsiléo :

« La belle aux grands yeux est fatiguée de se faire appeler.

« Elle ne peut se rendre auprès de

toi, car elle est retenue par un vilain maître.

« Sois bon pour moi, car je suis bonne pour toi. Fais-moi du bien, car je te le rendrai plus tard.

« Alors, si tu veux, je serai ton fusil à deux coups. Si tu ne veux pas, je serai la servante d'un autre...

« Placée là-bas sur la route d'Alakamiche, il ne manquera pas de passants qui m'offriront un vohamène (4 sous)...

« Ratahine me fait surveiller, car elle sait que je veux devenir ta compagne.

« Pense à moi et brise le cœur de Ravelnar. Alors je pourrai vivre près de toi... Et tous les vaza seront jaloux de te voir si bien servi !... »

Cette complainte était écrite en malgache. Quand j'en eus la traduction et que je sus que Ratahine défendait à toutes les petites ramatous de Fianar de venir chez moi, j'entrai dans une grande colère et j'eus une violente explication avec elle.

D'ailleurs, je n'étais pas content de Ravelnar. Elle cherchait à prendre trop de pied dans ma maison où je lui avais préparé une chambre pour elle et sa mère. Elle voulait commander à mes bourjanes de filanzane, lesquels venaient se plaindre à moi et, la nuit, elle ronflait si fort que, bien que couchant au-dessous de moi, elle m'empêchait de dormir[1]. De plus, un jour, je la surpris en train de se frictionner la figure avec des pêches trop mûres, pour imiter certaine dame vaza qui se conservait ainsi le teint et, une autre fois, je la trouvai en train de se nettoyer les ongles avec ma brosse à dents... Je fus si outré que je faillis la gifler !

Déjà j'étais sur le point de changer de compagne, car elle était vraiment trop jeune pour bien s'acquitter de

1. J'appris que c'est ce défaut qui l'avait fait refuser par son sage fiancé.

ses fonctions, quand Ramanatène vint me trouver.

— Tu veux renvoyer Ravel, me dit-elle, ch'est mal, cha. Punis-la en l'envoyant sans chouliers, sans lambe de choie, à l'école pendant huit jours, après cela, elle fera une bonne compagne, tu verras !

Je suivis ce conseil, au grand désespoir de Ravelnar qui pleura à chaudes larmes, en me disant :

— T'as pas gagné la honte d'envoyer ta ramatou à l'école, sans chouliers... On dira que tu es un *ratzefana !* (mauvais esprit).

Malgré les pleurs et les protestations, je fus inflexible, et Ratahine d'un côté, Ramanatène de l'autre, ma ramatou, tenue par chaque main, rentra à l'école où elle dévora les affronts avec résignation...

Bientôt Ravelnar jugea plus agréable pour elle de se soumettre afin d'obtenir des cadeaux et, en guise de pardon, elle me fit remettre par Ramanatène la supplique suivante, accompagnée d'une pièce de quatre sous :

« Il y avait une fois une servante que son maître avait chassée. Elle se repentit et envoya à son maître le taratass qui suit :

« Je suis perdue, car vous m'avez
« chassée.

« Je vous demande bien pardon,
« monsieur, je me repens.

« Je vous envoie de l'argent en
« guise de repentir.

« Permettez-moi de rentrer chez
« vous. Je pilerai le riz, j'irai cher-
« cher l'eau à la rivière... Permettez-
« moi de rentrer chez vous. »

« Mais le maître répondit :

« Je ne veux plus vous voir jamais. »

« Alors la pauvre servante, chassée, mourut de désespoir. »

Que repondre à cela, sinon reprendre la pauvre servante... C'est ce que je fis.

Ma maison redevint le lieu de prédilection des petites ramatous qui vinrent s'y faire jouer du phonographe par Ravel.

D'ailleurs, de mon côté, j'exigeai que l'on me jouât du « lokange », sorte de mandoline formée de trois cordes harmonieuses, et du valy dont j'ai déjà parlé à Tamatave.

Malheureusement les chansons malgaches sont extraordinairement monotones : ce sont des mélopées ressemblant quelque peu à des gémissements, et en dehors de la chanson des bourjanes, le *véloume à ro*, qui exulte la beauté des femmes et des sites de Tananarive, elles sont plutôt ennuyeuses ou endormantes.

Tandis que l'on me jouait de la musique, moi, je faisais une partie de « fanorane » avec Ranze ou Razaf, les deux assidues de mes thés, et j'avais soin d'exiger des gages, car ces petites ramatous étaient d'une mauvaise foi insigne et trichaient sans vergogne, volant mes haricots et les cachant dans leurs jupes !... Le fanorane est, à peu de chose près, un jeu de dames où les pions sont remplacés par des haricots, lesquels deviennent la propriété de celui qui les a gagnés.

Pendant ce temps, Ramananténassou, devenu mon marmiton, jouait avec d'autres gamins à un jeu qui consiste à s'envoyer des coups de pied pour se faire des bleus... Et la vieille Ratahine, impassible, accroupie au milieu de la pièce, filait, filait, à son rouet...

Or depuis quelques jours, je remarquais une grande tristesse sur le visage de Ravelnar. Ramanatène me le fit observer aussi, en me montrant combien ma petite compagne était changée.

— Chûrement, on lui a volé chon ombre, me dit-elle.

— Son ombre?...

— Oui, vois comme elle est trichte; un sorcier a dû marcher chur chon ombre et lui voler chon âme.

— Comment la lui faire rendre?

— Il faut consulter un sorcier.

J'étais étonné de semblables superstitions chez des protestantes parlant le français presque couramment, l'écrivant même un peu!... C'était un vieux reste d'atavisme, sans doute. Je me rendis donc chez le « mpsidy » de l'endroit et lui confiai le cas de ma ramatou.

C'était un vieux Malgache, aux yeux étranges, d'une saleté repoussante, un vrai parasite, très craint à cause des ombres sur lesquelles il peut marcher à volonté...

A son sourire malin, je devinai tout de suite qu'il m'avait compris ; mais, en paysan retors, il voulait me sonder, voir combien je pourrais le payer, en faisant traîner les choses en longueur. Aussi, au lieu de répondre à mes questions, feignant de ne pas comprendre mon interprète, me répétait-il, les mains levées :

« Je vous souhaite d'atteindre la vieillesse, monsieur, et de bien vendre vos marchandises », ce qui est le salut par excellence.

Enfin, moyennant un cadeau de quatre piastres, vingt francs, il me promit de rendre son âme à Ravelnar.

Je le quittai fort intrigué de savoir comment il allait s'y prendre, d'autant plus que l'opération devait se faire la nuit!

Quand je rentrai chez moi, rue du Rouve, je trouvai Ravelnar dans une grande surexcitation. Elle avait brisé ma cuvette et en jetait les morceaux dans un coin de ma chambre, avec rage et effroi...

Je me précipitai :

— Qu'y a-t-il donc?

— Là, là, tu ne vois pas, l'ombre d'un mort!

— Je ne vois rien.

— Chi, chi... tiens. Prends ta canne, frappe, frappe-le bien fort : il vient pour m'enlever.

Je sautai sur ma canne et décrivis dans l'air de furieux moulinets. L'ombre s'évanouit en gémissant de douleur, me dit Ravelnar...

Moi, je n'ai entendu que le sifflement du bâton!...

Sur les minuit, le sorcier s'amena

enfin. Il portait une assiette de riz mélangé de miel, plat dont les ombres sont très friandes, paraît-il. Après avoir installé par terre son assiette de riz, le sorcier, armé d'une gourde et d'un bâton, s'accroupit dans un coin, aux aguets. Il a placé son appât dans le coin de la chambre qui est tourné vers l'Orient, le coin familial, le coin des apparitions, et a fermé toutes les issues, moins une.

Quant à moi et à Ravelnar, nous restons étendus sur une natte ; elle, anxieuse, tremblante ; moi, fort amusé...

Cependant, le « mpsidy » ne bougeait toujours pas. Tel un gros chat guettant une souris, il restait accroupi, feignait de dormir...

Cet état de choses durait bien depuis une heure; le bourdon de la cathédrale venait de sonner la demie. Soudain, le sorcier se dresse, bondit sur la fenêtre laissée entr'ouverte, la ferme précipitamment. Il pousse un cri de triomphe et, tenant sa gourde d'une main, son bâton de l'autre, il commence une sarabande effrénée à travers ma chambre.

D'un coup violent, il brise l'assiette pleine de riz, puis il continue à frapper toujours dans le vide, malgré la sueur abondante qui le couvre.

Ravelnar, dressée sur les genoux, voit son âme, l'entend gémir...

Elle l'appelle en vain.

Mais le sorcier l'a acculée dans un coin de la chambre, cette âme rebelle. Tout en continuant de la frapper, il lui tend sa gourde et la pauvre âme endolorie, pour se mettre à l'abri du bâton, se précipite dans la gourde aussitôt bouchée, que le sorcier triomphant présente à ma ramatou déjà rassérénée.

Alors le « mpsidy », introduisant la gourde sous les vêtements hermétiquement fermés de Ravelnar, au moyen d'une ficelle débouche tout doucement le récipient d'où, peu à peu, l'âme s'échappe, se répand sous les vêtements de Ravelnar, dans le corps de laquelle, ne trouvant pas d'issues, elle finit par se réincarner. Et Ravelnar, le lendemain matin, me dit toute joyeuse :

— Ch'ai retrouvé mon âme!

Ravelnar avait retrouvé son âme et, avec elle, toute sa gaieté et sa santé.

Sur ces entrefaites, je quittai ma maison de la rue du Rouve, qui possédait le grand inconvénient d'être infestée par les chiques, ces pucerons qui se logent sous la peau des pieds et que Ravelnar m'extrayait non sans douleur, chaque matin, à l'aide d'une aiguille [1]. J'allai me loger vers la

1. Les chiques ont été importées du Soudan par les tirailleurs sénégalais.

rivière, dans un endroit assez retiré, mais absolument délicieux. Non seulement j'eus une petite villa en briques et pisé, mais encore un jardin où les roses, les pivoines, les dahlias et les tubéreuses abondaient ; cela pour 70 francs par mois.

Quand nous fûmes emménagés, Ravelnar me demanda de lui prêter mon filanzane pour se rendre au zouma, c'est-à-dire au grand marché de la semaine.

J'accédai à sa demande et allai moi-même au zouma.

L'aspect d'un grand marché malgache est certes chose fort pittoresque. Imaginez un millier de grands parasols, tous identiques et plantés en terre, sous lesquels s'abritent d'énormes tas de pêches, de mangues, de cocons de soie ou de petits morceaux de viande de bœuf rectangulaires et valant deux sous pièce. Un Malgache est accroupi sous chaque parasol et vous offre sa marchandise.

Ces immenses parasols sont si pressés les uns contre les autres qu'il faut se baisser pour passer dessous, en enjambant les tas de fruits, tandis que le propriétaire vous traite de « ratze fana », le juron populaire.

Mais la note la plus gracieuse, la

plus gaie, est encore fournie par les ramatous, car le zouma est le jour attendu pour toutes celles qui ont un « lambe la soie », une belle paire de bottines à montrer ou une ombrelle tsar (jolie). C'est un plaisir de regarder ces dames faire leur marché, suivies d'une négresse portant un panier et remplissant l'office de servante : elles ont un air de dédain qui étonnerait si l'on ne savait que les Houves sont ici la race conquérante et que, chez eux, la femme a la même situation sociale que chez nous.

La vision la plus artistique que j'ai eue à ce zouma est l'arrivée d'un jolie

Houve en filanzane : il faut voir avec quel air digne, drapée dans son lambe et semblant glisser à terre, la « ramatou tsar » quitte son filanzane dont les lourds bourjanes, encore courbés pour la déposer à terre, semblent rendre hommage à une petite reine...

Les Houves sont très coquettes et, partant, très accessibles aux louanges.

Dans les usages malgaches, il est tout à fait admis que, quand on voit une ramatou tsar, on lui exprime le plaisir que cause sa vue, soit en le lui écrivant, plutôt en le lui faisant dire par un bourjane.

Celui-ci s'approche discrètement de

la ramatou, enlève son chapeau et lui dit le plus généralement :

— Mon maître m'envoie te dire que tu as un bien joli lambe ; il te salue.

Ce compliment fait toujours son effet, car une Malgache est plus sensible aux compliments qu'on lui fait de sa toilette qu'à ceux que l'on pourrait lui faire de son visage.

Généralement, la ramatou que l'on envoie ainsi complimenter ne daigne pas même regarder de votre côté. Elle vous fait répondre par votre bourjane :

— Je remercie ton maître et je le salue.

Mais elle est vite renseignée sur

votre tournure, vos habits, votre âge, votre position par sa servante, et si, trois fois différentes, vous lui envoyez ainsi vos hommages, il est rare qu'elle ne vous en soit pas reconnaissante, ou alors il faut être boiteux, bien pauvre ou bien vilain, auquel cas la ramatou tsar ne répond pas à votre salut.

Par exemple, ce qu'il faut éviter, c'est d'aller soi-même complimenter une ramatou, si tsar soit-elle, même si vous la connaissez tant soit peu... Vous verriez alors ces traits parfois si menus et charmants se tendre, la tête fine se dresser et la bouche faire entendre un sifflement « hodrrry... » qui évoque l'image d'un serpent ancestral... Ensuite on vous crierait : « Ratze fana ! » et l'on vous tournerait le dos. Vous seriez coulé à jamais dans le monde élégant !

Les Houves sont de très vieille civilisation et, pour cela même, très hypocrites !...

Cependant, je cherchais Ravelnar depuis un moment sans pouvoir la rencontrer, lorsqu'un de mes bourjanes vint m'emprunter deux sous pour acheter des pêches.

Je lui demandai où était ma ramatou.

— Ravel, me dit-il en riant, elle fait la madame.

Et en effet, il me la montra qui, suivie d'une petite négresse, marchandait des mangues qu'elle n'avait nullement l'intention d'acheter...

Je m'approchai, croyant qu'elle allait se troubler, mais pas du tout... Elle me fit un petit bonjour amical et continua son kabar avec la vendeuse de mangues.

Pour éviter une explication publique, je repris mon filanzane et, laissant Ravel devant son tas de mangues, je me fis porter à la léproserie toute proche...

Quels tableaux affreux !

Plus de deux cents individus, jeunes pour la plupart, sont enfermés dans cette léproserie. Tous ont les doigts de pieds rongés ; souvent leurs mains se réduisent à un moignon, et leur nez et leurs lèvres, complètement disparus, laissent au milieu du visage un abject trou noirâtre et purulent ! Et quels squelettes !

Parmi ces infortunés, on me montra une vieille femme, aujourd'hui un monstre affreux, jadis la plus jolie ramatou de Fianar !... J'avais le frisson en quittant la léproserie et j'estimai qu'il serait humain de supprimer ces monstres inguérissables !...

Le soir du zouma, il y avait représentation au théâtre malgache, qui se compose d'une grande case munie de bancs placés à même le sol. La scène est formée par plusieurs tables accolées sur lesquelles grimpent les acteurs, et le rideau se compose de deux draps de lit, relevés de chaque côté.

Ce théâtre est très fréquenté par les indigènes, surtout par les ramatous auxquelles la direction apporte une chaise quand elles paient un franc. Ravel avait bien envie d'aller au théâtre, mais comme elle croyait que j'allais la renvoyer à cause de son impertinence du marché, elle n'osait pas me le demander et boudait dans un coin. Aussi fut-elle agréablement surprise quand je lui offris de m'accompagner, car je désirais saisir sur le vif l'esprit malgache et ses réflexes sur les spectateurs.

Quand nous arrivâmes, la salle était comble ; mais, moyennant trois francs, j'obtins une chaise pour moi et une pour Ravel, au premier rang.

Tout de suite les draps de lit furent relevés et les acteurs grimpèrent sur la table.

On avait distribué dans la salle de petits programmes écrits à la main, en malgache. Ces programmes portaient une série de petites pièces d'une durée de cinq minutes chacune, telles que le *Bon Pasteur et le mauvais soldat*, la *Jeune Fille ventriloque*, le *Bourjane et l'Andriane* (*noble*), etc.

Les acteurs, qui étaient en même temps les auteurs, étaient deux, toujours les mêmes, mais changeant soit de pantalon, soit de barbe, chaque fois qu'on laissait retomber les draps de lit. Ils parlaient en malgache souvent, entrecoupé de français, pour mieux rendre une expression, et jouaient vraiment bien.

La seconde pièce surtout eut un grand succès, car la jeune fille ventriloque était représentée par un homme habillé en ramatou. Ce tableau était d'un goût un peu douteux, mais il emballa les bourjanes en grand nombre dans la salle et tous plus ou moins ventriloques !...

Quant à la troisième pièce, c'était une critique du riche qui refuse l'aumône au pauvre, et aussi une critique du vaza (Européen) qui fait trop travailler les Malgaches.

Mais où les choses me déplurent, ce fut quand je vis représenter le massacre d'un commandant par ses tirailleurs, lesquels refusaient de tirer sur l'ennemi.

Il est vrai que les tirailleurs étaient figurés par cinq gamins armés de bâtons et que le coup de feu mortel était simulé par un pétard; par contre, un sixième galopin, habillé en clairon de tirailleurs, sonnait la charge sur l'ordre du commandant, et comme aucun des gamins ne bougeait, l'assistance entière même l'humble Ravelnar ! trépignait d'aise. Et ce furent des cris d'enthousiasme quand l'officier tomba et que le clairon dit :

— Le chef vaza, il est mort, lui seul a été tué ; ça va bien, emportez-le [1].

1. Je connaissais assez de malgache pour bien comprendre cette scène presque entièrement mimée.

Quant à moi, je pinçai fortement le bras de ma ramatou et je fus sur le point de grimper sur la table à mon tour et de tirer les oreilles aux acteurs. Mais j'aurais été obligé de leur donner la chasse.... Je préférai me retirer, traversant la foule malgache qui s'ouvrait prudemment devant moi.

J'appris le lendemain que les deux auteurs-acteurs étaient des anciens élèves des pasteurs protestants, lesquels ne sont d'ailleurs nullement responsables de cette chose, car les Malgaches ont l'esprit très observateur et très porté à la satire, et ils promettent pour le jour trop proche où l'on aura l'imprudence de faire d'eux des électeurs.

Cependant, Ravelnar était redevenue triste, malade. Elle se plaignait de maux de tête et prétendait qu'elle n'avait plus d'âme dans le corps, ce qui le rendait mou. Encore !... Personnellement, je la croyais seulement malade d'imagination pour avoir mangé du canard qui est un oiseau fady (défendu). Mais Ramanatène voulut que je consultasse une seconde fois le sorcier et celui-ci me conseilla un pèlerinage au tombeau d'une aïeule de Ravelnar, aïeule près de laquelle l'âme de ma servante avait dû se réfugier pour reposer en paix dans le séjour des ombres[1] ! Comme le sorcier ne me demandait pas d'argent pour me conduire à ce tombeau, j'acceptai d'y aller, bien qu'il fût situé en pleine forêt, à plus de deux jours de Fianar.

De plus, je savais qu'à Madagascar le culte des morts est très en honneur, car l'on craint beaucoup les trépassés, les apparitions. Aussi soigne-t-on ses défunts en leur portant de la viande, du riz, du tabac, de l'eau, de l'argent.

Toutefois, avant de partir dans la

1. Ombre, en malgache, signifie âme, esprit.

forêt, je résolus de consulter l'arrière-grand-père de ma servante, défunt également, qui s'était rendu célèbre en érigeant, de son vivant, une immense pierre levée couverte d'inscriptions destinées à l'immortaliser, et qu'il allait chaque jour relire amoureusement !

Cette pierre levée était ce qu'il aimait le plus au monde : aussi, d'après ma servante, son âme y habitait-elle et pouvait-on lui parler, savoir où était partie son âme à elle.

C'est un vrai menhir haut de cinq mètres, qui existe encore aux environs de Fianar, vers Alakamiche.

Par une belle matinée ensoleillée, j'enfourchai un mulet, Ravelnar monta en filanzane et nous partîmes consulter le célèbre aïeul.

Je refis avec plaisir cette jolie route d'Alakamiche toujours fréquentée, animée par le flottement blanc des lambes malgaches. Mais cette fois-ci les gamins ne me couraient plus après... Ils se sauvaient devant ma monture et, une fois assez éloignés, ils se groupaient les uns à côté des autres et me regardaient, gauchement, un doigt dans la bouche, leur petit ventre nu tout ballonné de patates.

— Ra-mulet — monsieur le mulet, — murmuraient-ils, car le mulet est un monsieur, un vaza ou étranger, tout comme moi !

Et quand ma monture faisait un écart ou ruait sous l'éperon, ils riaient aux éclats, en criant :

— Ra-mulet, lui pas content !

Mais nous voici arrivés.

Devant nous se dresse un haut bloc formé d'une seule pierre à peu près cylindrique. C'est là qu'habite l'âme de l'aïeul, là que l'on peut lui parler.

Au moyen d'un silex assez gros, Ravelnar, après avoir enterré une offrande en argent au pied du monument, le frappe de ses petites mains fragiles. Puis, vivement, elle colle son oreille contre la colonne vibrante...

Que lui dit-elle ?...

Plusieurs fois l'opération recommence... Ravelnar est soucieuse ?

Soudain, je la vois jeter son caillou, cracher sur le monument et déterrer son obole !... L'aïeul n'avait pas daigné se déranger (comme cela arrive chez nous à certains « médiums »).

Ravelnar était absolument furieuse autant que consternée...

C'est alors que l'idée me vint de forcer l'aïeul à répondre.

Suivant la coutume malgache en pareil cas, je pris cinq cailloux et, l'un après l'autre, les jetai sur le faîte de la pierre levée.

Trois étant restés sur le sommet, l'aïeul avait parlé : c'était un ordre de départ.

Je me décidai donc immédiatement à aller dans la forêt, où reposait le corps de l'arrière-grand'mère ayant jadis occupé une situation importante à la cour des reines de Tananarive [1].

Le sorcier m'avait offert de me conduire au séjour de l'ombre ancestrale,

1. La reine malgache était souveraine effective et épousait toujours son premier ministre. Ces cours malgaches furent les plus belles cours d'amour qui aient jamais existé !

mais quand il fallut partir, il exigea que je fisse tuer un bœuf dont l'ombre nous accompagnerait et nous assurerait bon accueil dans le séjour des ombres, lesquelles, ayant beaucoup aimé les bœufs, leur principale richesse sur la terre, les aiment naturellement encore. Cela tombait mal, car c'était justement fin de mois et il ne me restait pas beaucoup à dépenser pour l'âme de ma ramatou.

Enfin, je trouvai une occasion, un petit bœuf de soixante francs que je fis immoler et dont le sorcier, ce mangeur des bourses et des ombres, se régala pendant plusieurs jours.

Avant mon départ, Ramanatène, craignant qu'on ne volât aussi mon ombre, voulut que je me fisse frère de sang avec elle, pour me protéger.

A cet effet, toujours devant l'affreux sorcier, nous bûmes une gouttelette du sang de nos poitrines légèrement incisées.

Dès lors, chacun de nous possédait la moitié de l'autre et nous devions tout mettre en commun, même notre argent...

Et si l'on me volait mon âme dans la forêt, Ramanatène me donnerait la moitié de la sienne au retour.

AUTOUR DES TOMBEAUX

Rassuré et heureux d'être frère de sang de la jolie Ramanatène, je partis un matin d'aurore sanglante, à la recherche de l'âme ancestrale.

Cette recherche n'était pas chose facile. Le tombeau, depuis des années et des années oublié, se trouvait en pleine forêt, loin de tout sentier...

Dans l'épais enchevêtrement de végétation, nous nous ouvrîmes difficilement un passage, plus exactement un tunnel !

Nous marchions sur un véritable matelas élastique, humide, formé d'arbres entiers, de branches, de brindilles en décomposition. De hautes herbes, de profonds entrelacements de lianes et de bambous protégeaient l'accès de ces lieux mystérieux où la mort et la vie luttent dans un perpétuel recommencement. Discrètement, à travers plusieurs étages de verdure, quelques rares rayons de soleil pénétraient jusqu'à nous, nous apportant une demi-obscurité dont ne jouissaient même pas certains fourrés trop épais, condamnés au crépuscule sans fin ; et quand nous débouchions sur une petite clairière, nous étions aussi heureux de revoir le jour, la lumière, que la caravane assoiffée d'apercevoir au loin l'oasis salvatrice.

De profonds bouquets de bambous élevaient vers le ciel leurs colonnes légères, hardies et nues, terminées par un grand panache de verdure que d'innombrables lianes enlaçaient, tels des îlots de verdure perdus sous la voûte des grands arbres séculaires.

Et ces grands arbres, aux racines trop souvent superficielles, se soutenaient eux-mêmes en reliant leurs bras de géants par ces gracieuses lianes, festonnantes, retombant avec une légèreté, une grâce infinies, tandis qu'à leur pied s'étageaient de magnifiques fougères couvrant les troncs d'un manteau de feuillage sans cesse renouvelé.

Parfois, d'énormes arbres déracinés restaient suspendus dans les airs, soutenus par ces mêmes lianes graciles...

Et la mort semblait régner dans ces lieux de vie végétative intensive...

Seuls, quelques bourdonnements d'abeilles laborieuses arrivaient jusqu'à nous, du haut des grands arbres où elles bâtissent leurs ruches d'écorce; seul, le cri plaintif du babakoute[1], imitant le dernier râle du moribond, nous faisait tressaillir, ou la grenouille des bois poussait son coassement étrange, ressemblant au bruit d'un coup d'angade (hache) appliqué sur un arbre caverneux.

Et nous avancions toujours dans la pénombre, la végétation de plus en plus épaisse, précédés par le sorcier qui, d'un coup sec d'angade, faisant éclater un tronc de bambou, s'y désaltérait bruyamment. Ravelnar se ser-

1. Singe malgache à queue d'écureuil.

rait contre moi, toute transie du mystère profond de ce séjour des ombres...

Nous voici arrivés.

Tout proche d'un ruisselet glougloutant et pailleté d'argent par les rayons plus nombreux du soleil, se dessine faiblement un petit tertre que d'immenses fougères arborescentes envahissent et enserrent.

C'est là que gît l'aïeule, depuis deux siècles, cette aïeule qui eut un jour de célébrité à la cour de Tananarive. Grandeur et décadence !...

Répudiée, exilée, elle s'était enfuie à Fianar où elle mourut de la lèpre, ce qui lui valut d'être exilée encore après sa mort, de reposer pour toujours dans ce lieu solitaire et grandiose. J'étais ému, profondément impressionné, cependant que le sorcier préparait son sortilège : encore une assiette de riz miellé, mais enfermée dans un panier à couvercle, cette fois-ci. Pour mieux attirer l'ombre gourmande, à côté du panier le sorcier a étalé du miel sur une feuille de bananier et il injurie le ciel, pour attirer l'ombre, la réveiller...

Puis un grand silence succède à ces imprécations...

Accroupi au pied d'une gigantesque

fougère dont la dentelle me caresse le visage, Ravelnar tremblante à mes côtés, j'écoute recueilli et ravi les longs frémissements des bambous, les chuchotements des bananiers, les soupirs des fougères légères...

Il semble que l'âme de l'aïeule anime ce paysage profondément mystérieux. Aussi ne suis-je pas trop étonné quand je vois le sorcier suivre du doigt dans l'air quelque chose d'invisible pour moi profane...

— Mon âme, voilà mon âme, murmure Ravelnar en extase...

— Comment est-elle? demandai-je à voix basse.

— Toute blanche, en forme de cœur ailé.

Mais soudain, le sorcier bondit sur le couvercle du panier. D'un violent coup de poing, il referme le panier sur lequel il appuie de toutes ses forces en hurlant des paroles sacrées, incompréhensibles même pour Ravelnar.

L'âme de ma servante est prisonnière ; sous son bras, le sorcier l'emporte victorieux.

Nous suivons, dociles, jusqu'à Fianar. Là, dans ma maison, un véritable festin, composé surtout de viande de bœuf et de riz, avait été préparé. On mangea, on but beaucoup d'alcool, on s'enivra. Au dessert, le sorcier réclama le silence...

Au milieu du recueillement général, il ouvrit le panier, doucement, tout doucement...

L'âme n'y était plus visible, intimement confondue avec le riz sans doute...

Aussitôt Ravelnar, en hâte, avale tout le contenu de l'assiette et, avec lui, sa propre âme qu'il contenait. Depuis lors elle ne la perdit plus, heureusement pour moi!...

Sur ces entrefaites, Ratahine, la mère de ma servante, mourut de pneumonie.

Depuis longtemps déjà, j'étais en mauvais termes avec elle et lui avais interdit l'entrée de ma maison, car elle poussait ma ramatou à la dépense et lui prenait tout ce que je lui donnais [1].

Sur le point de mourir, subjuguée par l'exemple du prince Ramar, gouverneur indigène de Fianar, qui, jusqu'alors protestant, s'était récemment

1. J'insiste sur les questions d'argent car ceci n'est point un roman et j'ai mené cette vie avec 500 francs par mois, ce qu'il est utile de faire connaître aux amateurs.

converti au catholicisme, elle s'était fait baptiser, elle aussi, et avait demandé à ses filles de la faire enterrer religieusement.

Ravelnar était si triste, elle pleurait tant que je résolus d'exaucer le vœu de la morte et, à cet effet, comme un enterrement coûte toujours cher, j'écrivis à M. Fouinard pour lui proposer de partager la dépense puisqu'il était le maître de Ramanatène.

Mais il s'excusa, et alors j'allai trouver M. le curé.

Il me demanda cent francs et, contre ce prix, j'eus un enterrement malgache de première classe.

Une messe fut chantée, tandis que le corps de la pauvre Ratahine, enroulé dans des nattes en rafia et couvert d'un drap mortuaire, était disposé sur un catafalque.

Après l'absoute, deux solides néophytes de la mission attachèrent le corps après un bambou dont ils mirent chacun une extrémité sur leur épaule et enlevèrent Ratahine.

- -

En avant du cadavre, un curé malgache chantait le *De profundis*, précédé d'une croix et d'un enfant de chœur malgache agitant une sonnette.

Derrière venaient Ramanatène et Ravelnar, toutes deux nu-pieds, les cheveux dénoués, sanglotantes et vêtues de vieux lambes qu'elles déchiraient en signe de douleur et de deuil.

Le corps fut transporté au caveau de la famille où il fut déposé.

Ce caveau était isolé dans la brousse et reconnaissable à une colonne en pierre toute surchargée de cornes de bœufs et entourée de lances.

La coutume malgache veut, quand quelqu'un de respectable vient à mourir, que l'on immole quelques bœufs sur sa tombe, bœufs dont les cornes sont ensuite exposées pour toujours sur le défunt auquel on laissait autrefois sa lance quand c'était un guerrier.

Ravel tenait beaucoup à me faire acheter deux bœufs dont les ombres accompagneraient dans le séjour éternel celle de Ratahine, laquelle serait bien accueillie si elle n'avait pas les mains vides.

Elle y tenait surtout pour le « qu'en dira-t-on », car, comme beaucoup de Malgaches, elle n'était pas très religieuse.

Mais mes finances ne me permettant pas ce luxe, j'avais acheté chez le père Lagarde, le boucher, une paire de cornes magnifiques qu'en cachette Ramanatène exposa sur le tumulus de Ratahine, peu après son inhumation.

Et ce jour-là, les deux petites Houves, bien tristes, attachèrent à la colonne des guirlandes de roses frêles et délicates comme elles, les pauvres petites, désespérées par ce mot terrible : « Jamais ! »

CHEZ LES ANTANDROYS

Peu après l'enterrement de Ratahine, je dus me rendre dans le Sud de l'île. Ravelnar refusa de m'accompagner par crainte de fahavales (bandits) et aussi de la fièvre. Je partis donc sans elle.

De nouveau, me voilà en route, parcourant la brousse en filanzane. Je suis seul et cette solitude m'est chère. Ici encore, ce n'est à perte de vue que séries de mamelons dénudés, cet aspect si général dans toute l'île, en dehors de sa ceinture forestière, que l'on peut dire que « Madagascar est un désert de mamelons ». La région que je traversais — Ivohibé, Bétrouk — était peuplée de rares villages bars.

Les Bars sont une race superbe, soumise depuis peu et encore un peu farouche.

Leur principale richesse consiste dans l'élevage des bœufs, car ce pays est trop pauvre pour être cultivé et les Bars se contentent d'aménager, dans les fonds des vallées, les rizières suffisantes à leur maigre nourriture que les gamins complètent en se cherchant et en se mangeant les pous mutuellement.

Je traversai la forêt avant d'arriver à Fort-Dauphin. Cette forêt était autrefois le repaire des « fahavales » ou voleurs de bœufs.

Elle venait d'être nettoyée et occupée par le colonel Lyautey qui s'y était rendu en personne dans une grande tournée où il avait reçu un grand nombre de soumissions, et assuré, avec quelques fusils, la tranquillité de toute cette région autrefois si troublée, car les villages se battaient entre eux pour se voler des bœufs.

Les Bars sont armés d'une sagaie qu'ils manient fort bien et ils possèdent un assez grand nombre de fusils. Je fus frappé, lors de ma traversée de la forêt, du silence profond qui y régnait : je ne vis pas deux oiseaux et je n'en entendis pas chanter un seul ! Ces forêts malgaches, grandioses et peuplées de sangliers en certains endroits, sont le plus généralement un entrelacis presque impénétrable de petite brousse où aucun fauve ou même gibier sérieux n'habite, car dans la plupart de son étendue l'île est déshéritée au point de vue du gibier ; le perdreau et le canard exceptés.

Une légende court cependant qu'un homme primitif et tout velu parcourt cette forêt, enlevant les femmes et les enfants... Je pense que cette légende fait allusion à un grand singe quelconque, peut-être à un vieux babakoute (singe malgache)...

Fort-Dauphin est une petite ville charmante, placée au fond d'une baie, mais sise sur une falaise de quarante mètres qui lui assure une grande salubrité. Il est rare que l'on y soit atteint de fièvre palustre et il serait à souhaiter que ce petit port, visité chaque mois par le vapeur côtier des Chargeurs-Réunis, prît de l'extension. Malheureusement, rien ne porte à le croire, car Tamatave a accaparé le maigre commerce des bœufs et le caoutchouc de la forêt est épuisé.

Soit dit en passant, je mangeai à Fort-Dauphin de petites huîtres exquises qui me rappelèrent la France.

Mais j'allais entrer dans la région la plus intéressante de Madagascar : l'Androy.

Ce pays est unique au monde, avec sa végétation de cactées géantes et d'euphorbiacées organisées contre la soif. L'eau y fait complètement défaut et il n'en tombe qu'à une certaine époque de l'année. Aussi, les habitants ont-ils pris l'habitude de recueillir chaque matin la rosée, toujours extrêmement abondante qu'ils glanent sur les cactées au moyen d'une calebasse [1].

Ces habitants, encore pas tout à fait soumis, sont aussi curieux à étudier que leur pays.

Plus que partout ailleurs, leur idéal est de posséder des bœufs, beaucoup de bœufs, et cela surtout pour qu'à leur mort on immole sur leur tombe un grand nombre de ces ruminants dont les cornes attesteront la richesse

1. Grande courge aux parois dures et coupées en deux.

du défunt. Ils seraient dangereux s'ils n'étaient si divisés, et même, il y a deux ans, ils tuaient deux officiers : le capitaine Astoin et le lieutenant Mousnier-Buisson.

Ils n'agissent généralement que par petits groupes séparés et par surprise, cachés à quelques mètres dans les cactées appelées ici « raquettes » et impénétrables pour tout autre qu'eux. C'est ainsi qu'ils tuèrent les deux officiers déjà cités, dont l'un était en train de déjeuner, et l'autre de causer avec un camarade. C'est presque de l'assassinat ; mais ils se défendent comme ils peuvent, avec leurs longs fusils à tabatière dont, aujourd'hui, on a heureusement capturé un grand nombre.

Dans ce pays, les indigènes se refusant au portage, je voyageais à mulet, accompagné de quelques tirailleurs dont le brave Ratsarasoutre, que sa ramatou avait suivi, lui... Je dus réprimander cette ramatou qui portait crânement en bandoulière le fusil de son mari, fusil qu'elle nettoyait d'ailleurs chaque jour à l'étape ou dès que Ratsarasoutre se reposait !... Nous ne traversions que de rares villages, complètement entourés de raquettes qui les cachaient à la vue.

Près de l'un de ces villages, je surpris un antandroy (indigène du pays) en train de chanter contre un poteau télégraphique... Intrigué, je questionnai Ratsarasoutre, lequel me dit :

— Les Antandroys croient que le télégraphe est l'oreille du colonel[1] qui commande à Fort-Dauphin et que tout ce qui se dit est rapporté par lui : voilà pourquoi celui-ci chante les louanges du colonel dont il espère obtenir la grâce, car il va être jugé pour avoir volé des bœufs à un village voisin...

Il existe ici encore cette légende curieuse : Les Antandroys prétendent

1. C'était le colonel Blondlat.

avoir vu un quadrupède de la grosseur d'un bœuf dont il possède le pelage et les pattes, mais avec une tête de cochon armée d'une corne centrale et une longue queue en forme de plumeau ; de plus, ce bizarre quadrupède fait des crottes en pierre, d'où le nom que lui ont donné les Malgaches : « Mangarisouk ». Je l'indique en passant au Muséum d'histoire naturelle de Paris, lequel aurait encore ici de merveilleux échantillons d'insectes à récolter, sans parler des splendides papillons qui voltigent parmi les cactées.

Je m'arrêtai quelques jours à Béhare, poste de récente création, où j'eus l'occasion de voir la soumission d'un chef.

C'était un vieux noir superbe, tout balafré de coups de lance, au visage creusé de multiples rides, à l'allure très noble. Comme beaucoup d'Antandroys, il possédait une certaine affinité de traits avec la race arabe dont quantité d'émigrants venus de Zanzibar ont métissé cette partie de la grande île.

Il était accompagné de vieux guerriers, lesquels armés jusqu'aux dents, s'accroupirent pour le kabar de soumission. Ils furent très surpris quand le commandant du poste, tirant un papier de sa poche, les appela par leur nom, et ils lui demandèrent si son papier était un « grigri » (sortilège).

Ils venaient se soumettre à la force, s'attendant à être complètement spoliés ; mais quand ils virent qu'on leur faisait des conditions très douces, ils s'exclamèrent en remerciements et le vieux chef tout balafré, s'adressant au tout jeune commandant de poste, lui dit :

— Dorénavant, tu es la mère canard, et nous, nous sommes les petits canards...

Je profitai de cette occasion pour

demander à ce vieux guerrier quelle conception il avait de notre organisation, et voici quelle fut sa réponse :

— Il y a dans le Nord un grand chef très riche en bœufs, le général, qui est venu ici avec toute sa famille. Il a casé son frère, le colonel, qui nous commande ; ses cousins, les capitaines ; ses amis, les sergents ; puis ses bourjanes (les civils) qui viennent nous acheter nos bœufs. Quand le général et sa famille auront fait tous fortune, ils partiront, nous laissant enfin maîtres chez nous.

Et c'est encore par lui que j'obtins le chant épique suivant, faisant allusion à un fameux guerrier qui longtemps nous résista, caché dans les raquettes.

Chant épique antandroy,
sur le guerrier Ghiko.

« Un grand malheur couvre l'Androy.

« On n'a jamais vu le pareil ; il ne se reproduira jamais. C'est le vaza que l'on voit partout dans le pays.

« Tous les Antandroys restent couchés et tous les fanalolahy (guerriers) n'osent pas bouger ; ils sont comme les femmes et les enfants devant les fils de blancs.

« Tout le monde porte des taratass (papiers) au cou comme de belles perles, et porte des bagages comme si c'était leur père qui les commande.

« Gardez-vous bien ; c'est le fils d'Imanakito (Ghiko) qui seul reste debout.

« Tous les bourjanes des autres chefs portent des courriers, mais ceux de Ghiko portent des fusils et des sagaies sur l'épaule.

« Tous les bourjanes des autres chefs portent des bagages, mais ceux de Ghiko portent de la poudre.

« Tous les bourjanes des autres chefs disent bonjour au vaza, mais ceux de Ghiko tirent des coups de fusil.

« Tout le monde va rendre visite au vaza et aux camarades sénégalais, mais Ghiko tire des coups de fusil sur le vahaza et tue le Sénégalais [1]. Les feux de salve (roda) des Sénégalais ne font pas de mal à Ghiko et le fusil du vaza ne tue pas le fils d'Imanakito. »

1. Le Sud est occupé par les Sénégalais en grande partie et les Antandroys les craignent avec juste raison beaucoup plus que les tirailleurs malgaches, pourtant assez bons soldats.

ADIEUX A FIANAR

Avec joie, je retrouvai mon confortable home de Fianar où m'attendaient ma petite ramatou et aussi Ramanatène, laquelle m'offrit un bouquet de roses, mais me demanda un gros cadeau pour faire un bon chakaff (déjeuner) en l'honneur de mon retour...

Hélas ! je ne devais plus rester longtemps à Fianar. Peu après mon retour, je dus me rendre à Tananarive.

Avant mon départ, j'organisai une soirée de gala malgache, en exigeant que ces dames vinssent en décolleté : quatorze répondirent à mon invitation, au grand désespoir de leurs maris ou de leurs maîtres, lesquels durent payer la robe de bal (vingt francs)...

Jusqu'à minuit, les petites ramatous dansèrent, souvent ensemble faute de cavaliers, et cela avec un air très digne, quoique dans le monde malgache on n'ait pas les mêmes habitudes que dans le nôtre et admet-on fort bien qu'une danseuse aille se promener avec son cavalier dans le jardin, pour prendre l'air...

Avant de quitter pour toujours ce coin charmant, je voulus une dernière fois m'imprégner de sa poésie. A cet effet, je gravis la montagne qui fait face à Fianar.

Là, allongé sur un rocher, longtemps je rêvai en contemplant Fianar perchée en face sur son rocher, tandis qu'à l'horizon le soleil disparaissait derrière les pics de la chaîne malgache tout ensanglantée.

A mes pieds serpentaient des grenadelles aux senteurs exquises. Mais l'angélus sonne aux cloches de la cathédrale, troublant au loin, de ses vibrations multipliées, le grand calme de la campagne où, seuls, les beuglements prolongés des bœufs se font entendre par cette belle soirée de printemps, tandis que dans le jardin du colonel, Mme Beusch, surnommée pour sa beauté gracile la *Poésie de Fianar*, joue au tennis dans un envolement de blanches dentelles.

La nuit approche et je dois ce soir même coucher à Alakamiche ; Ravelnar, que j'emmène avec moi, m'y a déjà devancé.

Alors je remonte en filanzane et, au grand trot de mes bourjanes s'excitant entre eux, je traverse les rizières bordant la route, pendant que dans le marécage, des bandes de canards s'arrêtent de becqueter pour me regarder de leur petit œil rond qui semble dire :

« Tiens, voilà encore un vaza qui est pressé ! »

Et sur la route, je trouve un Malgache qui me remet le petit taratass suivant :

« Mon ami,

« Je te recommande Ravel.

« Ch'est ma fille et che suis sa mère.

« Sois bon pour elle, pas beaucoup de méchanceté. Tu es son papa maintenant.

« Je t'embrasse avec mon cœur.

« RAMANATÈNE. »

Peu après moi, le colonel Lyautey devait quitter également Fianar. Il y était très aimé et avait donné à cette petite ville perdue si loin une véritable vie mondaine dont sa personne, sa table et sa maison étaient le cœur et toute l'attraction. Aussi les femmes européennes chargèrent-elles l'une d'elles, la plus ancienne résidente de Fianar, de lui remettre publiquement une gerbe de fleurs et de prononcer quelques mots d'adieu et de remerciements au nom de la colonie européenne qu'il avait si souvent groupée autour de lui.

Mais cette dame, d'origine suisse,

n'avait pas l'habitude de parler en public. Elle se trouva tout à coup si émue qu'elle ne trouva à dire que ces mots partis du cœur :

— Mon colonel, vous êtes un bon garçon.

Ces mots valaient plus qu'un discours :

Je traversai rapidement l'Imerne, cette contrée si déserte et si aride, et que son aspect rougeâtre a fait surnommer le plateau de la terre à briques. Avec Ravel, je voyageais en filanzane ; nous faisions une moyenne de cinquante kilomètres par jour. J'avais huit bourjanes et je ne mettais pas pied à terre, sauf pour déjeuner ; mais ma ramatou, qui, suivant la coutume et vu son faible poids, n'avait que quatre porteurs, était obligée de marcher à pied de temps à autre. A cet effet, elle ôtait ses souliers et bravement gravissait la multitude des mamelons dénudés qui constituent aussi l'Imerne.

Ces mamelons ont, paraît-il, jadis été couverts de grandes forêts que la violence du vent et des pluies ont fait glisser dans les vallées avec toute la terre végétale leur donnant la vie. Actuellement, la terre argileuse composant l'Imerne ne permet aucune culture superficielle. Il faudrait reboiser ces immenses et saines solitudes pour permettre de les habiter. Ce reboisement ne serait pas impossible, car en creusant à 0 m. 50 on dépasse la couche argileuse. Le pin et l'eucalyptus peuvent pousser.

Dans ce but, le général avait ordonné à chaque habitant de l'Imerne de planter et d'arroser quatre pieds d'arbres ; cet ordre ne put être exécuté à cause du manque d'eau et de la paresse des indigènes.

Je rencontrai, pendant les six jours que je mis à traverser cette région, élevée de près de 2.000 mètres en un point, le général boër Maritz. Il était envoyé par les siens dont un grand nombre songeaient à s'établir sur les plateaux malgaches, mais il leur déconseilla de venir s'y fixer, heureusement, car les Boërs voulaient former un état indépendant à Madagascar !

J'étais las de ce pays monotone et triste. Aussi, quand, le sixième jour, j'aperçus la masse imposante de Tananarive, éprouvais-je le même ravissement que jadis quand je voyais émerger de l'infini des sables Tombouctou la Mystérieuse.

Pourtant le soir même, limité par

le temps, je partais pour Amboustre, le pays de l'or, que j'avais hâte de connaître avant de quitter Madagascar pour me rendre à l'île Bourbon.

LE PAYS DE L'OR

Quatre jours de marche rapide m'avaient amené à Amboustre, petite ville de 4.000 habitants, appelée à supplanter Fianar à cause de ses points de communication avec la côte (Mananjar et Farafangane). En route, j'avais eu lieu d'apprécier la cruauté des Malgaches vis-à-vis de grosses araignées qui leur procurent ce fil si fin avec lequel ils font les rabanes (mouchoirs de soie). Pour les obliger à ne tisser qu'un fil, ils enferment chaque araignée dans une boîte d'allumettes vide suspendue au plafond et qui descend au fur et à mesure que la prisonnière tisse... Cela jusqu'à la mort stupide de la malheureuse ![1]

J'avais aussi suivi pendant quelques kilomètres le tronçon de route que construisent des Chinois. Dans un temps sans doute bien éloigné, ce tronçon assurera une voie carrossable en-

1. Ces fils de soie extrêmement fins servent encore à faire pour les ramatous tsar qui en portent toutes des chemisettes, chemises et pantalons d'une incomparable légèreté.

tre Fianar et Tananarive. Ces Chinois étaient tous plus ou moins malades et ne valaient rien ici comme travailleurs ; ont dut les renvoyer dans leur pays.

Amboustre, construite en terre battue ou en briques, a un hôtel, et un assez grand nombre d'Européens, des prospecteurs, habitent cette petite ville aussi charmante que saine.

J'arrivai justement le jour du conseil de revision que l'on vient d'établir sur les plateaux.

Mais ce qui m'intéressait davantage, c'était d'aller au racolage des travailleurs pour l'or : ce racolage est du vrai charlatanisme ; voici comment il s'opère :

Accompagnés de commandeurs (chefs de bourjanes) tout enrubannés, portés sur un filanzane rose dont les bourjanes sont babillés de rouge ou de bleu, les prospecteurs traversent le zouma, jetant autour d'eux, à la volée, des piécettes blanches, des sous, du sucre. Les commandeurs chantent leurs louanges. Ils engagent tous les Malgaches présents à suivre ces bons maîtres, pour chercher de l'or qu'ils leur achèteront de 2 francs à 2 fr. 30 le gramme, suivant la concurrence.

Le Malgache est paresseux, mais il aime les kabars (discours), l'argent, la bonne chère. En foule ils accourent, boivent et mangent aux frais des prospecteurs, tandis que les commandeurs les enrôlent, donnent leur nom à la gendarmerie chargée des déserteurs...

Le tour est joué!... Le prospecteur a à sa disposition cinq cents individus, dont un tiers de femmes. Il les organise aussitôt en battées, c'est-à-dire par groupes de trois : un piocheur, un pelleteur, une laveuse. Et la fouille commence sous la surveillance des commandeurs, entre les mains desquels repose la fortune du chercheur d'or.

Amboustre est le lieu de résidence des prospecteurs, mais ils cherchent l'or dans la vallée de Mananjar, l'avenir du pays, l'espoir de l'île entière qui est persuadée de l'existence d'un filon très riche, lequel peut seul la sauver de la mort...

A Madagascar, très peu de professionnels sérieux, possédant surtout de grands moyens d'action, ont tenté des fouilles effectives. Les seuls qui aient réussi sont des amateurs, cherchant la plupart l'or comme d'autres cherchent des champignons, et réussissant surtout grâce à leur flair et aux Malgaches qu'ils emploient. Voici leur façon de faire :

Munis d'un permis de recherche et guidés par un indigène ayant promesse de récompense (généralement cinq cents francs), ils plantent un piquet dans un terrain propice. Ce piquet, portant leur nom très apparent, est le centre d'une circonférence de cinq kilomètres de diamètre, réduits tout récemment à trois. Un topo sommaire, permettant de constater que ce terrain n'a pas été déjà pris, est alors envoyé à Tananarive, à la direction des mines dont il faut attendre l'autorisation d'exploiter.

Avant de se décider à planter des piquets, — le nombre n'est pas limité, — il faut bien s'assurer de la qualité des terrains. Les indigènes, pour toucher une récompense, emploient tous les moyens possibles pour vous tromper. Ils « fusillent la mine », c'est-à-dire tirent sur un point choisi un coup de fusil chargé de pépites ou, encore, ils la « fument » sous votre nez, en laissant choir de la poudre d'or de leur cigarette allumée et truquée...

Ici, point d'amalgame, le simple lavage à la battée laissant perdre la moitié de l'or, dont on abandonne encore une si grande quantité sur les terrains fouillés à la hâte que, deux ans après, quand les pluies ont renivelé le sol, il paraît aussi riche qu'auparavant.

Et cela n'a rien d'étonnant.

Le Malgache étant payé au jour le jour, suivant l'or qu'il rapporte et que le prospecteur lui achète après l'avoir pesé, il a intérêt à sauter d'un point à un autre, quand le premier ne renferme pas suffisamment de métal précieux. Certains bourjanes se font parfois des journées splendides quand ils tombent sur du quartz aurifère qu'ils broient simplement au pilon avant de le laver. Et le commandeur, chargé du recrutement des travailleurs, s'arrange, certes, pour gagner davantage encore.

Jusqu'à présent, la nature de ces terrains aurifères a dérouté les spécialistes venus du Transvaal et complètement décontenancés...

Cependant, malgré ces moyens rudimentaires, ces pratiques défectueuses, de véritables fortunes ont été trouvées par de simples particuliers absolument incompétents en théorie scientifique, tels que MM. Vollard et Ivert, anciens légionnaires libérés.

C'est d'abord qu'ils avaient la chance d'avoir de bons commandeurs leur amenant beaucoup de bourjanes, et ensuite de tomber sur des « poches aurifères », situées en général vers les sources des affluents du Mananjar ou des rivières de son bassin [1].

1. On a depuis trouvé un filon très riche vers Diégo-Suarez.

TANANARIVE

Tananarive compte actuellement soixante mille habitants, dont les maisons, construites comme celles de Fianar, sont disposées sur une grande colline, à l'altitude de 1.400 mètres. La vie y est la même qu'à Fianar, à peu de chose près, avec cette différence cependant qu'il y a plus de distractions. On a institué tout dernièrement un Sport-Club, où se réunit la société.

Le théâtre est bien supérieur à celui de Tamatave. Deux fois par semaine, une des grandes attractions de la ville est de se rendre à la place Jean-Laborde, pour entendre la musique et, surtout, pour voir les petites ramatous dont nombre sont ravissantes et dont la plus célèbre, la jolie Rachel, me permit de la photographier, à condition que je lui donnasse le cliché, ce que j'omis de faire par mégarde.

Quand on y reste peu de temps, Tananarive paraît absolument charmante ; mais quand on prolonge son séjour, on s'aperçoit des dépenses qu'exigent les déplacements. Comme Fianar, Tananarive, ville de chèvres, ne permet guère de marcher à pied.

Or, la ville a plus de 7 kilomètres d'étendue, n'est pas éclairée la nuit, et l'équipe de filanzane y coûte 130 francs par mois. Aussi beaucoup de petits fonctionnaires, d'officiers, restent-ils confinés chez eux, d'ailleurs très bien logés pour pas grand'chose et ayant, à discrétion, fruits et légumes de France.

Quant à moi, étant pour peu de temps dans la capitale, je résolus de tout voir.

J'allai visiter le palais de la Reine, cette immense bâtisse faisant beaucoup plus d'effet de loin que de près, et où sont réunies les reliques de la pauvre Ranavale. C'est dans ce palais aujourd'hui transformé en école professionnelle qu'avait jadis lieu la fête du « fandroune » ou bain royal, remplaçant chez les Malgaches notre premier de l'an.

Tous les nobles ou andrianes étaient réunis dans la grande salle des fêtes au milieu de laquelle, derrière un paravent et assistée de son premier ministre, son mari d'après la Constitution, la reine se trempait dans une baignoire, avec l'eau de laquelle le premier ministre aspergeait ensuite la foule des andrianes, eau que les plus favorisés ne craignaient point de boire.

Je visitai également le palais du premier ministre, véritable prince consort, âgé de soixante-quinze ans lors de son mariage avec la toute jeune et toute gracieuse Ranavale. Ravel se plaisait beaucoup à Tananarive, où elle avait retrouvé quantité de parents. Aussi quand vint le moment de nous séparer ne montra-t-elle pas trop de tristesse. Elle me fit donner par écrit mon adresse et promit de m'écrire à chaque courrier. Mais la première lettre que je reçus ne fut pas d'elle : elle fut de la jolie et prodigue Rachel, laquelle dépensait plus de 500 francs par mois... Voici ce qu'elle m'écrivait :

« Mon ami,

« Che apprend que tu partes la
« France. Che deman partir avec toi.
« Che chais que tu fais beaucoup
« des taratass (papiers). Tu feras un
« grand taratass sur moi avec beau-
« coup de photographes et je cherai
« chélèbre.

« Mais chi tu veux pas partir enchamble, je vais réclamer le commissaire de poliche parce que tu pas donnes mon photographe et que tu dises partout en France que j'étais ton ramatou... Hodrrry... Ch'est pas vrai, cha !

« Mon ami, emporte-moi la France, s. t. p.

« Véloume.

Rachel. »

DERNIÈRE VISION MALGACHE

Avant de quitter la capitale malgache, je voulus une dernière fois m'imprégner de son charme si particulier et si pittoresque, pour me le rappeler plus tard dans les heures d'oisiveté solitaire. A cet effet, je me rendis au col d'Ampasimpoule d'où l'on découvre la ville dans tout son ensemble.

De là, je fus frappé de l'air imposant de la ville, perchée telle un nid d'aigle au sommet de la grande île africaine...

Bâtie en forme d'Y, avec ses petites maisons toutes de même forme et couvertes de tuiles rouges, Tananarive, entièrement accrochée aux flancs d'une colline profondément ravinée, offre quelque chose de non-vu, d'unique en son genre.

Ce n'est pas une vraie ville, mais plutôt une vaste agglomération de groupes d'habitations et on a longtemps cru que son nom signifiait les mille villages. Partout c'est un fouillis et un débordement de cases en terre, de maisons en bois, en briques ou en pierres, de palais en granit, de temples et d'églises. C'est une forêt de clochers et de toits pointus, un hérissement de paratonnerres : presque chaque construction en possède un, usage qu'a établi le Français Laborde et qui se justifie par la fréquence extrême des orages sur cette colline dont le sol ferrugineux paraît attirer la foudre.

Et tout en haut, dominant tout, s'élève le majestueux palais de la Reine, dont la masse des maisons malgaches semblent, en flots pressés, venir lécher les pieds.

Malgré les travaux que l'on y a faits, la capitale a conservé son aspect essentiellement malgache avec ses rues dont les pentes sont si abruptes que des enfants sont souvent entraînés et noyés par les torrents qui y roulent à l'époque des pluies.

Nous étions précisément à cette époque. Partout les rizières, fécondées par les eaux de l'Ikoupe, étendaient leur sombre manteau de verdure, duquel l'orgueilleuse capitale émergeait comme un îlot au milieu des flots.

Et sur les digues étroites des rizières, de longues files de piétons malgaches, jambes nues, animaient ce paysage sombre du flottement léger de leurs lambes blancs. C'était la foule des travailleurs qui rentraient des champs, sous un ciel au nuances infiniment douces, inconnues dans nos climats tempérés.

Mais là-bas, tout au loin, un point noir avance rapidement sur la route circulaire dont la blancheur tranche au milieu des rizières. C'est l'automobile du général que Mlle Galliéni conduit elle-même chaque soir, à l'heure du crépuscule. Et d'où je suis, je devine les vieux Malgaches se découvrant à l'approche de la terrible voiture vaza et criant de leur voix gutturale :

— Béjour, petite vazabé !

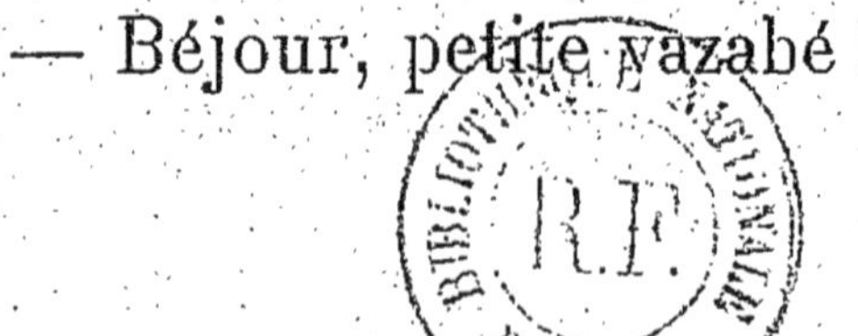

TABLE

Pages

ACHEVÉ D'IMPRIMER

le sept octobre mil neuf cent treize

PAR

CH. COLIN

A Mayenne

pour

BERNARD GRASSET

www.ingramcontent.com/pod-product-compliance
Ingram Content Group UK Ltd.
Pitfield, Milton Keynes, MK11 3LW, UK
UKHW022045190726
13855UKWH00002B/417